PÓNGAME, ENTRENADOR
Viviendo una Vida Audaz

JOHN W. STANKO

urbanpress

Póngame, Entrenador
Por JohnW. Stanko
Copyright © 2022 John W. Stanko

ISBN # 978-1-63360-198-7

Para distribución mundial impresa en los EE.UU.

Urban Press P.O. Box 8881
Pittsburgh, PA 15221-0881 USA
412.646.2780
www.urbanpress.us

INTRODUCCIÓN

Escribí este libro porque sigo preocupado por la pasividad que encuentro en los creyentes viendo cómo se conforman con asistir a la iglesia y ver a otros entrar en el juego del propósito. Es por eso por lo que surgió el énfasis de "¡Póngame, Entrenador!", porque quiero animarte a que dejes de conformarte con ver el juego desde la tribuna y busques activamente hacer parte del juego, sea cual sea el juego para ti, ya sea enseñando, escribiendo, bailando o arreglando cosas o casos.

Si estás esperando una invitación grabada para hacer cualquiera de esas cosas, esperarás mucho tiempo por algo que nunca llegará. Dios ya ha enviado todas las invitaciones posibles, y si no quieres, no tienes que confirmar tu asistencia pero si vas a estar involucrado, confírmala. Es un privilegio servir al Señor.

Hemos estado inmersos en una teología que dice que no hay nada bueno que habite en ninguno de nosotros. Ciertamente estoy de acuerdo en que esto es cierto, con respecto al tiempo antes de que conozcamos y sirvamos al Señor. Después de entregar nuestras vidas a Él, Él está presente para producir en nosotros el buen fruto que proviene de la obediencia y la entrega. Todos tenemos dones y esos dones no son para nosotros mismos, son para el beneficio de los demás. Quiero que mis dones impacten a los demás para bien, y eso significa que tengo que reconocerlos, desarrollarlos y luego expresarlos con la mayor frecuencia posible. Eso significa que mis dones pueden estar operando sin siquiera ser consciente de eso. Soy maestro y todo el tiempo me encuentro enseñando incluso cuando no soy consciente de que lo estoy haciendo. Cuando modelo ciertos comportamientos, las personas los ven y están siendo instruidos en la forma de vivir y trabajar.

Hace años determiné que Dios tenía permiso para usar cualquier cosa de mi —mis dones, trabajo, presencia, palabras, escritura— para ayudar a otras personas. Él no necesitaba mi permiso y yo no necesitaba estar al tanto de los resultados benéficos. Ya no iba a negar lo que podía hacer bien y fingir que disfrutaba o era eficaz en lo que no hacía bien. Terminé fingiendo que no era eficaz en un área determinada cuando sabía que lo era, todo en el intento por ser percibido como humilde.

Cuando niego lo que puedo hacer en aras de parecer humilde, entonces eso no es humildad. Es falsa humildad y eso no honra a Dios, porque estoy negando lo que Él ha hecho en mi vida y quién me ha hecho ser.

Dios puede hacernos figuras públicas a cualquiera de nosotros y Él no necesita nuestro permiso. Él puede hacer que nuestros dones e impacto sean tan significativos como Él quiera, y no es asunto nuestro. Nuestra respuesta es cooperar y asegurarnos de que nuestro carácter y la excelencia de nuestros dones sean lo que necesitan ser.

Lo que estás a punto de leer es una colección de "Memorias del Lunes" que publiqué a finales de 2018 y principios de 2019 para llamar la atención de que Dios está esperando que nos involucremos nosotros mismos en Su obra. Él nos dirige, a veces clara y específicamente, pero en otras ocasiones somos libres de hacerlo voluntariamente y Dios no se ofenderá cuando lo hagamos. No estoy seguro de cómo y cuándo comencé a decir: "Póngame, Entrenador", pero cuando lo compartí en algunas de mis clases universitarias, los estudiantes lo captaron y comenzaron a decírmelo a mí y a otros, cada vez que alguien dudaba en hacer la voluntad de Dios tal como la entendían.

¡Póngame, Entrenador! no es un mantra; es una oración y los invito a decirla conmigo y luego prepararse para días de práctica y días de juego real, que implican servir a los demás y tocar vidas como Sus representantes. Ya no me conformo con sentarme al margen o en la tribuna. Quiero estar en el juego, y espero encontrarme contigo en el campo.

John W. Stanko, Pittsburgh, Pennsylvania,EE UU
Agosto 2022

¡PÓNGAME, ENTRENADOR!

En diciembre de 2018, realicé lo que califiqué como un "renacimiento de propósito" en Facebook, publicando más de 100 artículos cortos inspiradores y desafiantes durante un período de tres días. El concepto se incendió y capturó la atención de todo el mundo. Uno de los temas durante el "renacimiento" que tocó la fibra sensible de los lectores fue mi hilo llamado "¡póngame, entrenador!" Es ese tema el que quiero examinar en este libro y primer capítulo.

Heme Aquí, envíame a Mi

Vamos a comenzar echando un vistazo a Isaías 6:4-9a:

> "El año en que murió el rey Uzías, vi al Señor sentado en un majestuoso trono, y el borde de su manto llenaba el templo. Lo asistían poderosos serafines, cada uno tenía seis alas. Con dos alas se cubrían el rostro, con dos se cubrían los pies y con dos volaban. Se decían unos a otros:

> «¡Santo, santo, santo es el Señor de los Ejércitos Celestiales!

¡Toda la tierra está llena de su gloria!».

Sus voces sacudían el templo hasta los cimientos, y todo el edificio estaba lleno de humo. Entonces dije: «¡Todo se ha acabado para mí! Estoy condenado, porque soy un pecador. Tengo labios impuros, y vivo en medio de un pueblo de labios impuros; sin embargo, he visto al Rey, el Señor de los Ejércitos Celestiales». Entonces uno de los serafines voló hacia mí con un carbón encendido que había tomado del altar con unas tenazas. Con él tocó mis labios y dijo: «¿Ves? Este carbón te ha tocado los labios. Ahora tu culpa ha sido quitada, y tus pecados perdonados». Después oí que el Señor preguntaba: «¿A quién enviaré como mensajero a este pueblo? ¿Quién irá por nosotros?».

—Aquí estoy yo—le dije—. Envíame a mí.

Y él me dijo:

—Bien, ve y dile a este pueblo..."

Este pasaje tiene lecciones importantes si estás buscando que Dios te use mientras estes en modo "póngame, entrenador". Examinemos rápidamente esas lecciones:

1. Cuando se enfrentó a la presencia de Dios, Isaías se sintió lamentablemente inadecuado, pronunciando la frase "ay de mí".

2. Dios tocó a Isaías y limpió y energizó lo que Isaías sintió que era su mayor debilidad: sus labios.

3. Dios quitó la iniquidad y el pecado de Isaías con un toque de carbón de Su altar.

4. Después del proceso de limpieza, que

no fue un evento largo y prolongado, el Señor preguntó quién estaría dispuesto a ir a hablar al pueblo en Su nombre.

5. Isaías inmediatamente se ofreció como voluntario y Dios lo envió sin vacilación ni reserva.

¿Qué podemos aprender de esta historia que permitirá a Dios usarnos como lo hizo con Isaías?

Listo Para Jugar

Hace varios años, me enfrenté a mi propio temor de que Dios me usara porque no sentía que estaba listo. Estaba esperando que alguien me "descubriera", así que no parecería estar autopromocionándome si daba un paso adelante para decir: "Estoy listo. Puedo hacer eso". Estaba esperando en el Señor, pero no iba a ninguna parte, y sentía que faltaba algo. De hecho, lo hubo.

Lo que faltaba era el coraje de aceptar quién Dios me había hecho ser y lo que Él quería que hiciera. Cuando me di cuenta de mi miedo, inmediatamente dejé de poner mi fe en mis preparativos y también dejé de entregar la soberanía de mi vida a otros que no tenían idea de lo que había en mi corazón o lo que Dios me había llamado a hacer. Tenía experiencia, educación y un corazón para servir al Señor en cualquier lugar del mundo al que Él quería que fuera. En ese momento, dije: "Póngame, entrenador. Estoy listo". Eso no significaba que hubiera terminado con el desarrollo personal, pero sí significaba que estaba listo para jugar el juego de Dios y aprender no desde el costado, sino al estar comprometido e involucrado.

El problema de Isaías—sus labios—fue resuelto en un instante. Dios lo empoderó y equipó para la misión, pero Dios no lo envió. Isaías tuvo que ponerse a disposición ofreciéndose como voluntario para ir. En esencia, Isaías dijo: "¡Póngame, Señor!" Dios lo escuchó y concedió su petición y todavía estamos siendo impactados por lo que sucedió.

¿Es hora de que dejes de conformarte con ser un jugador de banquillo o peor aún, un espectador? ¿Qué te impide entrar en el juego de tu propósito de vida? Con toda probabilidad, es temor de que no estés listo o de que te estés adelantando a la voluntad del Señor para tu vida. Mi consejo para ti es que puede que no estés tan listo como vas a estar, pero ahora estás listo para hacer más de lo que estás haciendo. Te insto a que cambies tu forma de pensar de "No estoy listo; Necesito más tiempo" para "póngame, entrenador" y ver lo que el Señor hace y cómo te usa.

Capítulo 2

CONMOVIDO POR TU TRABAJO

En este capítulo, veamos un pasaje que va junto con el tema de "póngame, entrenador" y se encuentra en Hechos 19: 11-12: "Dios le dio a Pablo el poder para realizar milagros excepcionales. Cuando ponían sobre los enfermos pañuelos o delantales que apenas habían tocado la piel de Pablo, quedaban sanos de sus enfermedades y los espíritus malignos salían de ellos". Si eres como yo, puedes mirar esta historia y pensar que es una manifestación extraña de cómo el Espíritu una vez trabajó, pero creo que es mucho más que eso, y es un patrón de cómo Dios quiere usarnos en este momento.

Cosas de Trabajo

Este pasaje puede hacernos sentir incómodos debido a cómo algunos han aplicado el concepto. Hemos oído hablar de personas que prometen enviar un paño sobre el cual un profeta o alguien con el don de sanidad ha orado, y garantizan la sanidad, solo si esa persona hace una donación al ministerio. Una vez vi a un ministerio enviar un gorro de ducha con una silueta en rojo de una mano en la parte superior con la promesa de que cuando el destinatario usara el gorro en la ducha, la mano del remitente estaría sobre ellos para bendecirlos mientras se bañaban. Sabemos que eso es una tontería y hemos corrido en la dirección opuesta (con razón) para nunca estar involucrados en esa tontería.

La locura de cómo otros han aplicado estos versículos, sin embargo, no disminuye el hecho de que Dios usó los delantales y los pañuelos de Pablo para sanar y liberar a otros. No sé si la gente tenía el permiso de Pablo para usar sus cosas de esta manera. Tal vez fueron a su lugar de trabajo, tomaron su ropa de trabajo y otros artículos, y se fueron a orar por la gente, sin que Pablo lo supiera. Tal vez él respaldó e inició sus acciones, pero cualquiera que fuera la postura de Pablo al especto, la gente fue ayudada y Dios fue glorificado.

¿Cuáles son las lecciones para nosotros de esta historia?

Las Lecciones

La lección principal es esta: No tienes derecho a aferrarte a algo si Dios puede usarlo para ayudar a los demás. Si tus palabras, poemas, presencia, ideas, perspectiva, oraciones, dones, propósito o perspicacia pueden beneficiar a alguien, tienes la obligación de sacarlos a la luz para que otros puedan beneficiarse de su uso. Además, una vez que los publicas, las personas son libres de usarlos como mejor les parezca y pierdes el control de lo que sea que hayas compartido y puesto a disposición, al igual que los artículos personales de Pablo.

Cuando escribo un libro, una persona puede comprarlo y compartirlo con 20 personas. No obtengo ningún beneficio financiero de eso, pero mi trabajo puede tocar, sanar a 20 personas. Quiero que eso suceda. Alguien podría incluso tomar mis ideas y escribir su propio libro con el uso de mis ideas ayudando así a más personas. ¿Qué hago entonces? ¿Presentar una demanda contra el autor? No, ese autor tomó mi pañuelo y mi delantal (por así decirlo), tocó a otros y los benefició. No debo resistirme a eso; Debo cooperar si eso sucede. Quién sabe, tal vez ese autor haga un mejor trabajo que yo, y al menos tocará a personas en su mundo que no son parte del mío.

Cuando publico algo en las redes sociales, las personas son libres de compartirlo como deseen. Incluso pueden estropearlo o distorsionarlo, pero ese es el riesgo que tomo cuando Dios me encomienda poner algo fuera de mi alcance o control. En cierto sentido, no estoy diciendo "Póngame, Entrenador", sino que estoy diciendo: "Ponga mis cosas, Entrenador. Úselo como mejor le parezca, lo que incluye no usarlo en absoluto".

Hace años, me quejé al Señor de que mis libros no se vendían bien. Me habló y me dijo: "¿Quién dijo que tienes que venderlos?" Eso cambió mi forma de pensar y me mostró que debía dejar de controlar mis cosas, pero que debía publicarlas por cualquier medio posible. Esa actitud ha complementado mi filosofía de "Póngame, Entrenador" bastante bien, y es por eso por lo que me ves en todas las redes sociales, siempre buscando una manera de tocar a más personas con mis lecciones de vida, humor y fruto. Si alguien tiene un problema con eso, bueno, ese es su problema, y los insto a leer Hechos 19:11-2 para ver que solo estoy siguiendo lo que la iglesia primitiva hizo con las cosas de Pablo, con o sin su permiso.

TU SOMBRA ESPIRITUAL

Este libro, "Póngame, Entrenador", es mi historia de cómo superé mis temores para permitir que Dios me usara más a menudo de lo que yo le estaba permitiendo. Tuve que superar mis temores de que no sabía lo suficiente, no estaba lo suficientemente preparado o no era lo suficientemente espiritual. Me di cuenta de que esas evaluaciones eran mías y no necesariamente de Dios, y concluí que si no estaba listo, nunca estaría listo. También llegué a la conclusión de que parte de mi crecimiento no era solo estudiar el juego y aprender, sino jugar el juego y aprender, y el juego era el ministerio, la escritura y la enseñanza, no solo a nivel local sino en todo el mundo. El juego para mí era mi propósito y me presenté al Señor para que Él lo usara como Él creyera conveniente y no de acuerdo con cómo me veía a mí mismo.

El resto es historia, como se suele decir, y los resultados han sido los años más satisfactorios y productivos de mi vida. Con toda probabilidad, estás listo y eres capaz de hacer más de lo que te permites creer, y este libro está dedicado a ayudarte a deshacerte de la mentalidad que tenía que me impedía jugar en el juego del propósito de Dios. En el último capítulo, vimos una historia en la vida de Pablo y en esta veremos una historia de la vida de Pedro, las cuales están diseñadas para ayudarte a decir: "¡Póngame, Entrenador!" Aquí va.

Tu Sombra

En psicología, hay un concepto llamado el lado de la sombra. Es un lado de nuestra personalidad del que no somos conscientes o elegimos ignorar, pero eso no significa que no esté activo. Las personas pueden encontrarse con nuestro lado oscuro cada vez que entran en contacto con nosotros, algo como nuestro sarcasmo, competitividad, necesidad de control, miedo o codicia. Puedes ver por qué tendemos a ignorar esas cosas, ya que normalmente no son tan positivas. Hasta que podamos traer esas sombras a la luz, continúan operando y pueden dañar nuestras relaciones, trabajo y ministerio, y hacerlo desde un nivel subconsciente.

Si bien es probable que tengas una sombra negativa, ¿sabías que también tienes una positiva o espiritual? Es la buena impresión que dejas en la gente cuando entra en contacto contigo, y también puede ser algo de lo que no eres consciente. Si bien la sombra psicológica suele ser dañina o negativa, la sombra espiritual puede ser positiva y dejar una impresión que dure para siempre. Hechos 5:15 describe a las personas que tuvieron un encuentro con la sombra positiva del apóstol Pedro (a pesar de que su sombra negativa le había hecho sobreestimar su lealtad al Señor y lo había llevado a su negación de Jesús): "La gente trajo a los enfermos a las calles y los puso en camas y colchonetas para que al menos la sombra de Pedro pudiera caer sobre algunos de ellos al pasar".

La gente se obsesiona demasiado con el lado espiritual espeluznante de esta historia, pero me lo tomo en serio al orar: "Señor, ayúdame a reconocer mi sombra negativa, para que mi sombra positiva - todos los encuentros con otros que subestime o de los que ni siquiera soy consciente -, pueda impactar a otros con tu amor y para Tu gloria".

Sé un Portador de Dios

En el capítulo dos, vimos una historia que se encuentra más adelante en Hechos: "Dios hizo milagros extraordinarios a través de Pablo, de modo que incluso los pañuelos y delantales que lo habían tocado fueron llevados a los enfermos, y sus enfermedades fueron curadas y los espíritus malignos los dejaron" (Hechos 19: 11-12). Alguien fue al taller de Pablo, tomó su delantal de trabajo, permitió que la gente lo tocara, y esas personas fueron sanadas. Eso me lleva a otra oración: "Señor, quiero que mi trabajo toque a la gente, ya sea que esté presente o no. Usa mi vida— mi escritura, hablar, enseñar y cualquier otra actividad— de una manera que traiga sanidad a la vida de las personas, ya sea física, emocional o espiritual".

Mi objetivo es ser un portador de Dios dondequiera que vaya y en cualquier cosa que haga. Quiero que mi sombra y mi obra, la extensión de mi propósito y presencia, vayan conmigo, antes de mí, y permanezcan después de mí para que Dios pueda usarlas para Sus propósitos. Si eso significa que debo ponerme personalmente a disposición para que la gente toque mi sombra o mi delantal, que así sea. Mi vida es Suya y no adoraré en el altar de la privacidad si Dios quiere que me haga público. En otras palabras, mi oración o mantra es: "¡Póngame, Entrenador!"

Te insto a que te unas a mí para orar esas dos oraciones, y luego desarrolles tu sombra, el trabajo de la vida y los dones hasta tal punto que Dios pueda usarlos todos para traer sanidad y ayuda a las personas heridas.

LA GLORIA DENTRO DEL PROPÓSITO

En este libro, estamos siguiendo un tema que he titulado "Póngame, Entrenador". Nos hemos centrado en nuestra necesidad de prepararnos y luego ponernos a disposición para el propósito de Dios, incluso ofrecernos como voluntarios para el servicio. En Juan 12:42-43, leemos:

> "Sin embargo, muchos incluso de las autoridades creyeron en él, pero por temor a los fariseos no lo confesaron, para que no fueran expulsados de la sinagoga; porque amaban la gloria que viene del hombre más que la gloria que viene de Dios" (ESV).

Nota que el escritor no dijo que los seguidores de Jesús no debían buscar la gloria; dijo que no deberían buscarlo de las fuentes equivocadas. Examinemos este concepto un poco más a fondo en este capítulo.

Encuentros en el Aeropuerto

Cuando estuve en Santiago, Cuba, hace

años, un hombre se me acercó y me estudió la cara durante unos segundos antes de preguntarme: "¿Eres John Stanko?" Cuando le aseguré que sí, me informó que me había escuchado hablar en Los Ángeles hace unos años y que aún recordaba de lo que había hablado, que por supuesto era sobre el propósito. Luego agradeció a Dios por el mensaje y me informó que efectivamente había encontrado y estaba cumpliendo su propósito. También di gracias a Dios y después de ese encuentro quedé aún más comprometido para difundir el evangelio del propósito.

Pero también, ese encuentro casual me renovó el gusto por ser reconocido cuando estoy en público. Una vez estaba en un aeropuerto africano y un hombre se acercó a mí, abrió su maletín, sacó uno de mis libros que estaba leyendo y me pidió que lo autografiara y me tomara una foto con él. Acepté y debo reconocer que me entusiasmaron sus peticiones. Luego le di gracias a Dios porque Él me había permitido tocar la vida de ese hombre a través del mensaje de propósito en uno de mis libros.

En otra ocasión estaba en una cinta peatonal en movimiento en el aeropuerto de Baltimore cuando un hombre que se movía en la otra dirección gritó: "¿Eres John Stanko? ¡Leí tu libro!" Sonreí y saludé con la mano, preguntándome a qué libro se refería, pero agradeciendo a Dios una vez más que había hecho una diferencia en la vida de alguien. Esos encuentros son los que me han mantenido escribiendo, y en el último recuento, he publicado 42 libros, incluidos algunos que he reescrito.

En los tres casos, recibí una medida de gloria en forma de reconocimiento y alabanza. Me identificaban por lo que era y lo que había hecho por Dios que impactaba a los demás, y no me sentía incómodo con la experiencia. De hecho, quería más, más reconocimiento y más impacto en la vida de las personas. En cierto sentido, se podría decir que quería (y todavía quiero) más gloria. Por eso digo con regularidad: "¡Póngame, Entrenador!"

La Gloria Dentro del Propósito

He escrito sobre el tema de la autopromoción, y lo cubriremos más adelante en este libro. Asumí ese estudio porque a menudo me acusaban de promocionarme cuando hablaba de mis libros o viajes. Quería ver lo que la Biblia decía sobre el tema, porque la mayoría estaba convencida de que ya lo sabían, por lo tanto, la etiqueta que me aplicaban.

Jesús dijo que era un problema buscar la gloria de la fuente equivocada (personas), pero permisible buscarla de la fuente correcta (Dios). La forma más segura de obtener esta gloria es la misma manera que lo hizo Jesús, como se describe en Juan 17: 4: "Te glorifiqué en la tierra, *habiendo cumplido la obra que me diste a hacer*" (ESV, énfasis añadido).

La gloria que describí en mis tres ejemplos a la que me refiero es gloria con propósito. Es el reconocimiento y el impacto que recibimos cuando funcionamos en nuestro propósito. Hoy en día, tengo una editorial y sé que he ayudado a publicar a personas que de otra manera no habrían podido hacerlo. Cuando anuncian sus libros en las redes sociales, agradecen a Dios por su proyecto de libro terminado. Dios es glorificado a través del trabajo que hago (y su trabajo también), y luego también me agradecen por mi papel. Dios y yo formamos una asociación con el autor que trajo gloria a Dios a medida que cumplía mi propósito, y compartí esa gloria con otros. Cuando lo hice, Dios no se ofendió, no se enojó ni fue menospreciado en lo más mínimo.

No le darás gloria a Dios cantando sobre ella, diciendo la palabra "gloria" en un entorno de adoración o leyendo sobre ella en tu Biblia. No le darás gloria a Dios si tienes miedo de que algo de eso se derrame sobre ti, manchando así tus vestiduras justas y ofendiendo y enojando a Dios. Dios no puede obtener gloria a menos que hagas algo que haga que otros reconozcan Su obra en y a través de ti que benefició y bendijo sus vidas. Por lo tanto, necesitas "superarte a ti mismo" y tu obsesión por llamar la atención sobre ti mismo, y comenzar a llamar la atención hacia ti mismo de una buena manera, buscando la gloria que viene de Dios, una gloria que está conectada a involucrar y refinar la obra que Él te dio para hacer. Cuando estés listo para participar en este intercambio de gloria, dile al Señor, "Póngame, Entrenador", y luego prepárate para resultados que ciertamente le darán gloria a Dios.

Capítulo 5

LLAME A SU PROPIO NÚMERO

Este libro está diseñado para ayudarte a superar la vacilación o el miedo a ser voluntario o abrazar con entusiasmo tu propósito y creatividad. Obviamente, estoy tomando prestadas bastantes lecciones y analogías del mundo del deporte, pero no se equivoquen, esas lecciones son aplicables a situaciones de la vida real en las que tenemos la oportunidad de servir al Señor haciendo lo que amamos hacer y a menudo lo hacemos bien.

No es Orgullo

Recientemente estuve en una boda donde conocí al padre de la novia que es médico. Está en las Reservas de la Marina y cada vez que tiene la oportunidad, se ofrece como voluntario para ir a zonas de peligro en Afganistán o alguna otra área devastada por la guerra para servir como cirujano. No tuve la oportunidad de hablar mucho con él, pero escuché de otros que la única razón por la que estaba en casa en este momento era porque su hija se estaba casando.

Este hombre estaba llamando a su propio número, que es un término deportivo para describir cuando alguien se pone en un juego con o sin que se le pida que entre. (El entrenador dice: "Número 24, estás dentro", y usan el número 24). También puede referirse a cuando un jugador designa que él o ella, y nadie más, tomará el tiro o patada importante en un momento crucial del juego. El médico que conocí estaba llamando a su propio número cuando decidió que iba a servir en lugar de esperar a que lo llamaran para servir.

No es orgullo para él hacerlo, ni es orgullo cuando haces lo mismo en tu área de especialización, don o propósito. De hecho, hay muchos ejemplos bíblicos de aquellos que se ofrecieron como voluntarios cuando vieron situaciones que sabían que podían abordar o ayudar, y lo hicieron sin esperar necesariamente una invitación. En esencia, estaban llamando a su propio número.

Ejemplos

Aquí hay algunos ejemplos bíblicos que puedo identificar de acciones de "llamar a tu propio número":

1. En 1 Samuel 17, David se ofreció como voluntario para enfrentarse a Goliat. Si lees el relato, en ningún momento se nos dice que el Señor habló a David y le ordenó que luchara. David vino, evaluó la situación, revisó su éxito pasado matando leones y osos, y dijo: "Lucharé contra Goliat". David llamó a su propio número.

2. Vimos en el primer capítulo que Isaías respondió en Isaías 6:1-8 a la pregunta del Señor: "¿Quién irá por nosotros?" diciendo: "¡Aquí estoy, envíame!" Isaías llamó a su propio número.

3. Pablo escribió en 1 Timoteo 3:1: "He

aquí un dicho digno de confianza: El que aspira a ser supervisor desea una tarea noble". Pablo no escribió: "Si quieres ser un supervisor, necesitas frenar tus ambiciones y esperar en el Señor". Dijo que era bueno desear el liderazgo, y continuó describiendo las características que una persona necesitaría cultivar para convertirse en un supervisor. El deseo de liderar era su forma de llamar a su propio número.

4. Mientras el ejército de Israel estaba paralizado con miedo, en 1 Samuel 14 se nos cuenta cómo Jonatán decidió escalar los acantilados y llevar al ejército a la victoria. Estaba tan inseguro de si su idea tuviera éxito que dijo que "tal vez" el Señor los respaldaría, y luego pidió una señal para reafirmar su idea. Una vez que obtuvo su confirmación, Jonathan llamó a su propio número.

5. Pablo no aconsejó a los corintios que sólo miraran a Jesús como un modelo para su comportamiento. Él escribió: "Seguid mi ejemplo, como yo sigo el ejemplo de Cristo" (1 Corintios 11:1). Pablo llamó la atención sobre sí mismo como un buen modelo a seguir para aquellos que estaban bajo su autoridad. Llamó a su propio número como modelo a seguir y maestro.

6. Cuando Lidia vino al Señor en Hechos 16:11-40, ella insistió en que Pablo y su grupo de viaje se quedaran en su casa. Más tarde, ella fue una fuente de aliento y provisión para

Pablo mientras viajaba a otros lugares. Lidia llamó a su propio número y se convirtió en una influencia significativa en la iglesia filipense.

7. Cuando Nabal hizo honor a su nombre que significaba "tonto", su esposa Abigail rápidamente preparó un picnic para David y sus hombres e intercedió en nombre de su esposo. El Señor no le dijo que hiciera eso. Ella actuó rápidamente e impidió que David buscara venganza (véase 1 Samuel 25). También llamó a su propio número.

Mi punto al ofrecer estos ejemplos es probar que Dios no se ofende cuando damos un paso adelante y llamamos a nuestro propio número. Cuando vemos a un huérfano y decimos: "Lo alimentaré", Dios se complace. Cuando vemos una necesidad y tenemos los recursos y la habilidad para hacer una diferencia y llenarla, Dios no está amenazado. He establecido seis bibliotecas en Kenia, recolectando libros y enviándolos a un gran costo. El Señor no me dijo que hiciera esto, pero mis socios en Kenia me preguntaron si podía ayudar. Pensé que Dios debía haberlos enviado, así que llamé a mi propio número y dije: "Ayudaré".

¿En qué área de tu vida estás listo para dar un paso adelante y entrar al juego? ¿Dónde hay una apertura en un equipo donde puedes presentarte para decir: "Puedo ayudar. Voy a servir"? Dondequiera o lo que sea, te insto a que llames a tu propio número y te pongas en el juego y vayas ganando en esa área para la gloria de Dios.

Capítulo 6

AUTOPROMOCIÓN
1

Continuemos nuestra discusión en torno al tema, "Póngame, Entrenador", que está examinando el concepto de presentarse como listo, dispuesto y capaz de cumplir con su propósito y expresar sus dones. Regularmente tengo conversaciones con personas que se preocupan porque quieren escribir un libro o salir a otra obra de propósito pero sienten que pueden estar promocionándose a sí mismos cn lugar del Señor. Están preocupados (sí, preocupados es la palabra correcta) de que se adelanten al Señor, o de alguna manera hagan algo que traiga gloria a sí mismos en lugar de gloria a Dios. Esas son preocupaciones legítimas, pero todas están basadas y arraigadas en el miedo, y sabemos que Dios no nos ha dado un espíritu de temor.

Hace unos diez años, hice una serie titulada "Autopromoción", así que pensé que sería bueno revisar ese tema a la luz de las preocupaciones que mis amigos han planteado recientemente, que son consistentes con la discusión "Póngame, Entrenador". Es un tema que he reflexionado durante mucho tiempo, ya que de vez en cuando me han etiquetado como autopromocionado, así que estoy ansioso por compartir mis pensamientos con ustedes.

Presunción

La principal preocupación con la autopromoción se resume mejor en Filipenses 2:3, donde Pablo escribió: "No hagas nada por ambición egoísta o vanidad. Más bien, en humildad, valorad a los demás por encima de vosotros mismos". Muchos concluyen que hablar de uno mismo en casi cualquier situación es incorrecto o al menos inapropiado, y la ambición también se considera de mal gusto o francamente malvada. ¿Son correctas estas interpretaciones? Aquí hay algunos pensamientos para esta discusión:

1. Cuando Pablo escribió sus cartas, se identificó claramente como un apóstol.

2. David se acercó a Goliat y le declaró lo que le iba a hacer al gigante en términos inequívocos.

3. Jesús hizo muchas afirmaciones (aunque algunas veces veladas para ocultarlas de los incrédulos) con respecto a quién era Él y lo que había venido a hacer.

Examinemos ese último punto un poco más de cerca.

Una Figura Pública

La familia de Jesús pensó que se estaba autopromocionando y que estaba ansioso por ser una figura pública como vemos en Juan 7: 3-4:

"y sus hermanos le dijeron: —¡Sal de aquí y vete a Judea, donde tus seguidores puedan ver tus milagros! ¡No puedes hacerte famoso si te escondes así! Si tienes poder para hacer cosas tan maravillosas, ¡muéstrate al mundo!"

Es reconfortante saber que la familia de Jesús pensó que Él se estaba autopromocionando, y hasta cierto punto lo era, pero sin ser egocéntrico y con un propósito. ¿Es posible que tú y yo hagamos lo mismo? Si Jesús fue malinterpretado cuando llevó a cabo la voluntad del Padre para Su vida, entonces lo más probable es que nosotros también seamos malinterpretados.

¿No eran los milagros de Jesús un medio por el cual Él podía reunir a una multitud para anunciar la venida de Su reino? ¿No hizo el Padre de Jesús un nombre familiar y una celebridad en todo Israel? ¿Reunió Jesús discípulos a quienes luego envió para extender Su obra y anunciar el plan de Dios con una intensidad y alcance aún mayores que los que Él hizo? Cuando Pedro y Juan se encontraron con el hombre lisiado en Hechos 3, le ordenaron que centrara su atención en ellos: "Pedro lo miró directamente, al igual que Juan. Entonces Pedro dijo: '¡Míranos!' Así que el hombre les prestó su atención, esperando obtener algo de ellos" (Hechos 3:5-6). Los apóstoles no insistieron: "No nos mires, mira a Jesús". Llamaron la atención del hombre hacia ellos y solo entonces le dieron lo que Dios tenía reservado para él a través de ellos.

No vamos a resolver esta cuestión en este capítulo, pero quería iniciar el diálogo con estas reflexiones. ¿Qué te parece? ¿Está mal promocionarse? ¿Cuándo, si es que alguna vez, es permisible? ¿Filipenses 2:3 prohíbe algún tipo de ambición o marketing? Les dejo que reflexionen sobre estas preguntas hasta el próximo capítulo.

AUTOPROMOCIÓN 2

Estamos viendo la propiedad y la espiritualidad de ser más proactivos a medida que nos involucramos en el ministerio y las oportunidades de propósito. En lugar de esperar en el Señor, esta filosofía de vida asume que Dios está esperando que decidamos dónde y cómo queremos involucrarnos en servirle a Él y a los demás. En el capítulo anterior, comenzamos una subserie dentro del tema "Póngame, Entrenador". La cuestión básica que tenemos ante nosotros es la siguiente: ¿Qué es la autopromoción y es inapropiado participar en ella?

Tu Luz

Mi pensamiento para este capítulo se encuentra en Mateo 5:14-16, donde dice que hagas tus obras para que otros puedan ver:

> "Ustedes son la luz del mundo, como una ciudad en lo alto de una colina que no puede esconderse. Nadie enciende una lámpara y luego la pone debajo de una canasta. En cambio, la coloca en un lugar alto donde ilumina a todos los que están en la casa. De la misma manera,

dejen que sus buenas acciones brillen a la vista de todos, para que todos alaben a su Padre celestial".

Después, en el mismo sermón, Jesús dio esta advertencia:

"¡Tengan cuidado! No hagan sus buenas acciones en público para que los demás los admiren, porque perderán la recompensa de su Padre, que está en el cielo. Cuando le des a alguien que pasa necesidad, no hagas lo que hacen los hipócritas que tocan la trompeta en las sinagogas y en las calles para llamar la atención a sus actos de caridad. Les digo la verdad, no recibirán otra recompensa más que esa". (Mateo 6:1-2)

Aquí tenemos una distinción importante. No debemos exhibir nuestras buenas acciones para glorificarnos a nosotros mismos, como por ejemplo, dar limosnas, sino que debemos mostrar nuestras buenas obras que glorificarán a Dios. Dado que Dios nos ha dado nuestros dones y propósitos que nos permitirán hacer sus buenas obras, concluyo que, en la mayoría de los casos, es permisible dejar que las personas sepan lo que estamos haciendo y lo que podemos hacer cuando Dios nos capacita y nos da poder para hacerlo.

Servicio

Lo que es más, si Dios te ha dado dones y un propósito y esos deben usarse para ayudar a los demás, entonces ¿no es dejar que la gente sepa lo que puedes hacer para servirles de manera consistente con dejar que tu luz brille, como leemos anteriormente? Primera de Pedro 4:10 dice: "Cada uno de ustedes debe usar cualquier don que haya recibido para servir a los demás, como administradores fieles de la gracia de Dios en sus diversas formas".

Puedo organizarlo y hacerlo bastante bien ya que Dios me ayuda a hacerlo. ¿Alguna vez se me permite decir: "Tengo un don organizacional que está bien desarrollado; ¿cómo puedo ayudarte?" Parece que agregar el pensamiento de que mis buenas obras son servir a los demás, así como glorificar a Dios, hace que la autopromoción sea más aceptable que cuando es simplemente para mostrar lo que puedo hacer.

Espero que consideren en oración lo que he escrito para que puedan desarrollar su propia filosofía personal que les permita promover cómodamente lo que Dios ha puesto y hecho en su vida para que otros puedan beneficiarse y crecer. A todos se nos ha enseñado a no autopromocionarnos para que el orgullo y la arrogancia no se arraiguen. Debemos ser conscientes de esa advertencia, pero también considerar que lo que algunos llaman autopromoción puede no ser eso en absoluto. Puede ser dar gloria a Dios al reconocer lo que Él ha hecho y está haciendo en cada una de nuestras vidas.

Capítulo 8

AUTOPROMOCIÓN
3

Dios te ha asignado un propósito, te ha hecho creativo y te ha dado dones para que puedas hacer Su obra en la creación de acuerdo con tu fe y el tamaño de tu don. Recientemente hice un viaje a Kenia y llevé a 20 personas conmigo. Soy bien conocido en Kenia y la gente me asocia fácilmente con el mensaje del propósito. Kenia representa un lugar donde Dios me asignó en respuesta a mi grito: "¡Póngame, Entrenador!"

He estado en numerosos programas de radio y televisión locales en Kenia, y he hablado en muchas iglesias. Dios abrió una puerta para un trabajo ministerial efectivo para mí allí, y no me he encogido ni he dudado en decir que Dios me envió allí. Él me puso en el juego y quiero jugar a toda la estatura de mis habilidades y dones. Al presentarme en Kenia, en realidad estoy magnificando al Señor, que es el concepto que quiero discutir en este capítulo.

Magnificar al Señor

En el Antiguo Testamento, se nos dice que magnifiquemos al Señor. Hemos interpretado eso simplemente como una cuestión de alabanza y adoración cuando exaltamos y describimos los atributos de Dios en términos claros y exuberantes. Sin embargo, piensa en esa palabra "magnificar". ¿No significa también tomar una cosa pequeña y hacerla más grande, para que sea más fácil de ver y examinar?

¿Podría significar que debemos tomar lo más pequeño que Dios ha hecho a través y en nosotros y hacerlo más grande para que todos lo vean, no con la intención de vernos, sino más bien viéndonos para que la gente pueda verlo a Él?

¿Es la autopromoción, hecha con la intención correcta, realmente diferente a dar un testimonio? Cuando Dios hace algo por ti, provee, sana, libera o revela, ¿está mal ponerse de pie y decir lo que Él ha hecho? Si Dios te ha dado un don o propósito, ¿es diferente transmitir la verdad de lo que Dios ha hecho o puede hacer en y a través de ti? Y cuando lo haces, ¿no es eso lo mismo que magnificar al Señor, tomar Su obra en ti y ‹explotarla› para que todo el mundo la vea?

Intento

La autopromoción puede provenir de dos fuentes: el deseo de promovernos a nosotros mismos o el deseo de promover la obra de Dios a través de nosotros mientras servimos a los demás. Considere lo que Pablo dijo en Romanos 11:13-14 (NVI): "Porque os hablo a vosotros, gentiles; en la medida en que soy apóstol de los gentiles, magnifico mi ministerio, si por alguna manera puedo provocar celos a los que son mi carne y salvar a algunos de ellos".

Pablo magnificó su oficio (otras traducciones dicen "orgulloso de, haz todo lo que pueda o glorifica mi ministerio") para que pudiera ganar más personas para el evangelio. Pablo promocionó lo que hizo porque Dios lo designó, y eso hizo que su obra fuera vital. No le preocupaba lo que otros pensaban, sólo lo que Dios pensaba. Estaba diciendo la verdad acerca de sí mismo con los motivos correctos, y por lo tanto se magnificó a sí mismo para poder finalmente magnificar al Señor.

Tu trabajo no es solo magnificar al Señor comportándote bien y no robando bancos o viendo películas malas. Incluso los paganos pueden hacer (o no hacer) esas cosas. Lo que ellos no pueden hacer (pero tú puedes) es manifestar el amor de Dios por Su creación a través de ti, específicamente a través de tu propósito, dones y metas. Tal vez es hora de que te des cuenta de que tu disgusto por lo que llamas autopromoción es realmente un medio para protegerte de las críticas o de ser malinterpretado.

También puede ser un intento de proteger tu privacidad, porque una vez que Dios te pone en la "calle principal", pierdes el control de tu vida. Si Dios quiere poner tu cara en una valla publicitaria, no es asunto tuyo. A Jesús y a Pablo los "promovieron" y la gente los criticó; ¿Esperas un trato diferente? Necesitaremos un capítulo más para ver este tema y luego pasar a otro aspecto del tema "Póngame, Entrenador".

AUTOPROMOCIÓN 4

En este capítulo, terminemos nuestra discusión sobre la autopromoción, tratando de definir qué es y si y cuándo es apropiado.

Dos Pensamientos

Los dos pensamientos son realmente pasajes que quiero que veamos. La primera es algo que Jesús dijo:

"Ustedes son la luz del mundo, como una ciudad en lo alto de una colina que no puede esconderse. Nadie enciende una lámpara y luego la pone debajo de una canasta. En cambio, la coloca en un lugar alto donde ilumina a todos los que están en la casa. De la misma manera, dejen que sus buenas acciones brillen a la vista de todos, para que todos alaben a su Padre celestial". (Mateo 5:14-16).

Jesús parecía no tener ningún problema con que la gente dejara que su luz brillara para la gloria de Dios. Ese es el desafío, porque puedes estarte preguntando: "¿Cómo sé si estoy glorificando a Dios? ¿Qué pasa si me estoy glorificando a mí mismo?" Para esa respuesta, vayamos a algo que Pablo escribió mientras reflexionaba sobre las personas que se autopromocionaban en la obra del evangelio:

"Es cierto que algunos predican acerca de Cristo por celos y rivalidad, pero otros lo hacen con intenciones puras. Estos últimos predican porque me aman, pues saben que fui designado para defender la Buena Noticia. Los otros no tienen intenciones puras cuando predican de Cristo. Lo hacen con ambición egoísta, no con sinceridad sino con el propósito de que las cadenas me resulten más dolorosas. *Pero eso no importa; sean falsas o genuinas sus intenciones, el mensaje acerca de Cristo se predica de todas maneras,* de modo que me gozo..." (Filipenses 1:15-18a, énfasis agregado).

Ahí lo tienes: a Pablo no le importaban los motivos, sólo que se estaba haciendo la obra de predicar el evangelio. Pablo estaba mirando el resultado final o los resultados, y no iba a corregir los motivos de alguien, obstaculizando así el buen trabajo que estaban haciendo desde el incentivo equivocado. Otros estaban siendo ayudados y parece que Dios estaba usando los motivos menos que perfectos del trabajador para obtener resultados del Reino en la vida de las personas. Si eso fue lo suficientemente bueno para Pablo, debería ser lo suficientemente bueno para ti y para mí.

La Gente Necesita Saber

Debes autopromocionarte no para tu beneficio, sino para el beneficio de aquellos que buscan quién eres, qué tienes y qué te ha dado poder Dios para hacer. Si puedes orar y las personas son sanadas, entonces las personas sanadas necesitan saber que el Señor te dio el don de la sanidad. Si puedes escribir, entonces hazle saber a los demás que puedes, ya que alguien que lea tu libro o artículo puede ser ayudado y transformado a través de tu historia o ideas.

Si has muerto en Cristo y le perteneces a Él, entonces tu don, propósito y papel en la sociedad no son tu elección. Si Dios quiere hacerte un nombre familiar, no es asunto tuyo. Hay algunos miembros del cuerpo que están creados para estar detrás de escena, pero hay algunos que están hechos para ser figuras públicas. Si eres privado o público, no hace ninguna diferencia; tu vida no es la tuya. Pertenece a Dios y, por lo tanto, a los demás.

Superemos cualquier falsa humildad que diga: "Si Dios o alguien me necesita, puede venir a buscarme. No los voy a ayudar autopromocionándome, porque eso no es espiritual ni apropiado". Digo: "Superarlo" y ayudemos a todos aquellos que necesitan ver quiénes somos y qué hacemos para encontrarnos más fácilmente y hacerlo sin la culpa o el sentimiento de "autopromoción" que puede ir con ese proceso. Es hora de ponerse de pie y decir: "¡Esto es lo que soy!" ¿Te unirás a mí o continuarás escondiendo tu luz debajo de una fanega, solo entonces para quejarte de que nadie te toma en serio? Cuando lo hagas, te prometo que encontrarás una nueva sensación de alegría y significado al cambiar tus boletos de temporada por un lugar en el campo de juego.

Capítulo 10

VOLUNTARIADO

A medida que continuamos examinando el tema "¡Póngame, entrenador!", veamos un pasaje y una traducción interesantes: "El Señor extenderá tu poderoso reino desde Jerusalén, y gobernarás a tus enemigos. Cuando vayas a la guerra, tu pueblo te servirá por voluntad propia. Estás envuelto en vestiduras santas, y tu fuerza se renovará cada día como el rocío de la mañana. (Salmo 110:2-3 NTV). ¿Qué significa "ser voluntario libremente en el día de Tu poder"? De hecho, ¿es aceptable y permisible ser voluntario sin una dirección o guía del Señor?

Una Mirada Más Cercana

El Salmo 110 es lo que se conoce como un salmo mesiánico y a menudo se cita en los libros del Nuevo Testamento (23 veces para ser exactos por siete de los nueve autores), lo que significa que Jesús habría enseñado a los discípulos sobre este salmo, y ellos a su vez entregaron lo que nos dijo. Cristo ha cumplido esta predicción mesiánica, porque ahora está sentado a la diestra del Padre y está reinando mientras Sus enemigos están siendo sometidos bajo Sus pies. Este es también el día del poder de Cristo, porque Él envió al Espíritu Santo para edificar Su iglesia y liberar y establecer a Su pueblo.

Note lo que Su pueblo está haciendo mientras Él extiende Su fuerte cetro desde Sión: Se están ofreciendo como voluntarios libremente. ¿Para qué se ofrecen como voluntarios? No se nos dice, pero implica guerra y batalla como todo el salmo describe. Cuando buscamos un ejemplo bíblico de un voluntario, mi mente se dirige a David cuando se enfrentó al gigante Goliat. Miremos allí para ver si podemos obtener más información para poder responder a la pregunta: ¿Es permisible ser voluntario y decir: "Póngame, entrenador"?

Dios no le Dijo Que Se Fuera

Cuando leemos 1 Samuel 17, en ningún momento vemos que el Señor le dijo a David que atacara o luchara contra Goliat. Leemos que David dijo que venía a Goliat en el nombre del Señor y de su intención no solo de derrotar a Goliat, sino también de cortarle la cabeza y desfilar por la región. No leemos que el Señor ni ninguno de Sus representantes le ordenó a David que hiciera lo que hizo. Esto es interesante porque tenemos otros ejemplos de las estrategias de batalla de David y a menudo implicaban preguntarle a Dios si debía atacar y cómo debía hacerlo.

Esto me lleva a la conclusión de que David se ofreció para ir por su propia voluntad. Evaluó la situación, sopesó la probabilidad de éxito, consideró las recompensas que se ofrecían, miró la cobardía del ejército, escuchó las burlas de Goliat y, después de todo eso, dijo: "Soy el hombre. Iré y lo asumiré. ¡Póngame, entrenador!" Incluso podemos suponer que Dios estableció esta situación que era perfectamente adecuada para que David actuara, pero Él no le dijo que actuara. Eso dependía de David para decidir. Parece que Dios no estaba molesto porque David actuó e incluso lo ayudó a hacer lo que se propuso hacer.

No estoy diciendo que Dios no dirige

nuestras acciones, porque ciertamente lo hace, pero no todo tiene que ser una palabra del Señor antes de que actuemos. No recuerdo si el Señor me ordenó que escribiera el "Memorando del Lunes" hace 18 años. Tuve una idea para escribir y he tenido muchas ideas temáticas desde entonces para producir 920 Memos. ¿Me ha dado Dios poder para escribir durante 18 años? ¡Absolutamente! ¿Me dio Dios mi habilidad para escribir? ¡Claro! ¿Me dio información específica para escribir algunos de los Memorandos del Lunes? ¡Sé que lo hizo! ¿Me ordenó que las escribiera todas? No puedo decir que lo haya hecho.

Algunas veces, me ofrecí como voluntario libremente en el día de Su poder, y este día incluye la explosión de las redes sociales y las oportunidades de publicación. Hace dieciocho años, le dije al Señor: "Póngame, Entrenador" y todos los domingos cuando escribo, mi Mentor y Amigo ha estado allí para apoyarme y ayudarme.

Te dejo con estas preguntas: Si no tuvieras miedo de perder al Señor, ¿qué te ofrecerías a hacer hoy? ¿A qué te entregarías libremente en el día de Su poder cuando la batalla se desata por la vida de las personas? Cuando obtengas la respuesta, te insto a que encuentres una manera de hacerlo y confíes en que si Dios no está en ella, Él te detendrá. Sin embargo, si Él no te detiene, sigue adelante y tal vez dentro de 18 años, mirarás hacia atrás en algo que has hecho, no seguro de si Dios te dirigió, pero te alegrarás de haberlo hecho de todos modos.

VOLUNTARIAMENTE

Cuando estaba buscando al Señor para encontrar más material para este libro, pedí específicamente más ejemplos bíblicos de alguien que se ofrecía como voluntario para hacer la obra del Señor. Sabía que esto era importante debido a la mentalidad prevaleciente de que debemos sentarnos y esperar las instrucciones del Señor antes de iniciar una actividad, lo que supone que podemos escuchar perfectamente del Señor y luego estamos obedientemente preparados para llevar a cabo inmediatamente lo que escuchamos. Ambas suposiciones son incorrectas. No estoy diciendo que el Señor nunca dirige buenas obras o dirección en nuestras vidas, ciertamente lo hace. Estoy diciendo que tenemos un papel que desempeñar en hacer cosas que sean consistentes con nuestro propósito y creatividad aun cuando Dios no nos está mandando.

Mientras buscaba, se me ocurrió que debía enfocarme en el mejor voluntario de todos los tiempos, el hombre que se ofreció como voluntario para pagar el precio más alto para hacer la voluntad del Padre, y esa persona no es otra que Jesús mismo. Veamos este concepto de "Póngame, Entrenador" desde la perspectiva del Maestro y estudiemos Su ejemplo.

Voluntariamente

Jesús les dijo a Sus discípulos que Él era el buen pastor en Juan 10 e hizo estos comentarios en ese contexto:

> "Por eso me ama el Padre: porque entrego mi vida para volver a recibirla. Nadie me la arrebata, sino que yo la entrego por mi propia voluntad. Tengo autoridad para entregarla, y tengo también autoridad para volver a recibirla. Este es el mandamiento que recibí de mi Padre. (Juan 10:17-18 NVI)

Otra traducción lo dice de esta manera:

> "El Padre me ama, porque sacrifico mi vida para poder tomarla de nuevo. Nadie puede quitarme la vida sino que yo la entrego voluntariamente en sacrificio. Pues tengo la autoridad para entregarla cuando quiera y también para volver a tomarla. Esto es lo que ordenó mi Padre". (Juan 10:17-18 NTV).

Aprendemos en estos versículos que Jesús se ofreció como voluntario para hacer lo que hizo. Lo hizo de buena gana y por su propia voluntad. El mandamiento era expandir el rebaño de Dios para incluir a judíos y gentiles, y cuando Jesús escuchó el deseo del Padre, inmediatamente dijo: "¡Póngame, Entrenador! Lo haré". No hubo coerción ni sentido de "esto es lo que tengo que hacer". Jesús se ofreció a sí mismo como un sacrificio voluntario, la medida en que lo hizo es explicada por Pablo.

Se Vació a Sí Mismo

En la carta de Pablo a los filipenses, escribió acerca de la actitud de Jesús en la vida y el ministerio:

> "Tengan la misma actitud que tuvo

Cristo Jesús. Aunque era Dios, no consideró que el ser igual a Dios fuera algo a lo cual aferrarse. En cambio, renunció a sus privilegios divinos; adoptó la humilde posición de un esclavo y nació como un ser humano. Cuando apareció en forma de hombre, se humilló a sí mismo en obediencia a Dios y murió en una cruz como morían los criminales". (Filipenses 2:5-8).

Una traducción rara vez referenciada traduce el versículo seis de esta manera: "quien, existiendo en la forma de Dios, no consideraba la igualdad con Dios como algo para ser usado para Su propio beneficio" (HCSB). Jesús se vació a Sí mismo y se negó a usar Su posición y poder como un medio para construir su propio reino. En cambio, Él se ofreció como voluntario para llevar a cabo la asignación de la cruz y le servimos hoy porque Él lo hizo. Nadie lo obligó a hacer lo que Él hizo; Lo hizo voluntariamente.

Jesús es nuestro modelo para la vida, el propósito y el ministerio. En el próximo capítulo, veremos las implicaciones y las expectativas de Dios para nosotros debido a lo que Jesús hizo. Por ahora, simplemente considera el hecho de que Jesús dijo: "Póngame, Entrenador" y mira en dónde puedes seguir Sus pasos y hacer lo mismo.

Capítulo 12

AMOR Y GOZO

En el capítulo once, analizamos al mejor voluntario de todos los tiempos en nuestro tema titulado "Póngame, Entrenador". Ese voluntario no era otro que Jesús, quien voluntariamente dio Su vida en respuesta al mandato del Padre. Podemos leer la descripción de Pablo de este acto en Filipenses 2, donde Jesús se vació a sí mismo y asumió el papel de un siervo. Nuestra meta como discípulos es seguir a Jesús y llegar a ser más como Él a través del proceso. ¿Cómo podemos ser más como Jesús y dar voluntariamente nuestras vidas? Trabajemos en responder a esa pregunta en este capítulo.

Ya No Son Sirvientes

En Juan 15, Jesús habló a Sus discípulos acerca de Sus expectativas para sus vidas:

"Cuando producen mucho fruto, demuestran que son mis verdaderos discípulos. Eso le da mucha gloria a mi Padre. Yo los he amado a ustedes tanto como el Padre me ha amado a mí. Permanezcan en mi amor. Cuando obedecen mis mandamientos, permanecen en mi amor, así como yo obedezco los mandamientos de mi Padre y permanezco en su amor.

Les he dicho estas cosas para que se llenen de mi gozo; así es, desbordarán de gozo. Este es mi mandamiento: ámense unos a otros de la misma manera en que yo los he amado. No hay un amor más grande que el dar la vida por los amigos. Ustedes son mis amigos si hacen lo que yo les mando. Ya no los llamo esclavos, porque el amo no confía sus asuntos a los esclavos. Ustedes ahora son mis amigos, porque les he contado todo lo que el Padre me dijo. Ustedes no me eligieron a mí, yo los elegí a ustedes. Les encargué que vayan y produzcan frutos duraderos, así el Padre les dará todo lo que pidan en mi nombre. Este es mi mandato: ámense unos a otros". (Juan 15:8-17)

Veamos estas palabras más de cerca.

1. Jesús espera que demos fruto. Al hacerlo, nos mostraremos a nosotros mismos como Sus seguidores. La doctrina no nos apartará; el fruto lo hará.

2. Jesús no define cómo es o se ve el fruto, sino que nos dice cómo se desarrollará el fruto. Produciremos mucho fruto al guardar Sus mandamientos y permanecer en Su amor.

3. Al obedecer Sus mandamientos, tendremos Su gozo, que guiará nuestras actividades.

4. Los mandamientos de Jesús no dirigirán cada una de nuestras acciones, pero Sus mandamientos pueden resumirse en una directiva principal: Ámense unos a otros como Él nos ha amado.

5. Una vez que conocemos los

mandamientos de Jesús, desconocemos el motivo del Padre para enviar a Jesús y eso se convierte en el mismo motivo que Él tiene para enviarnos. Esa motivación era y es amor por las personas.

6. Cuando amamos a los demás y seguimos nuestro gozo, ya no somos siervos a los que se nos dice cada paso que debemos dar. Somos amigos de Dios y los amigos hacemos cosas por los demás no porque tengan que hacerlo, sino porque eligen hacerlo.

7. Con el amor y el gozo como nuestros motivadores, daremos fruto por nuestra propia voluntad. Oraremos y actuaremos, y Dios nos dará todo lo que necesitemos para dar frutos gozosos y amorosos.

Ejemplos

Escribo todos los días porque obtengo gozo al hacerlo, y publico lo que escribo en las redes sociales porque puede ayudar a alguien. Mi motivación es el amor y el gozo. Viajo porque me encanta viajar; me da gozo, y he dado frutos en todo el mundo mientras entreno, consulto y hablo. Mi gozo me guía, pero mi amor me impulsa a tocar a tantas personas como sea posible con lo que soy y lo que Dios me ha hecho ser y hacer. Nunca oro acerca de a dónde voy; Le he dicho al Padre, "Póngame, entrenador", así que nunca me preocupa que me estén engañando cuando me invitan a ir o cuando decido que quiero ir, incluso si no siento que Dios me impulse a hacerlo. No me malinterpretes; Él a veces me lo indica, pero en otras ocasiones, me ofrezco como voluntario para ir, y Él se encuentra conmigo cuando llego allí.

Jesús espera que demos fruto, pero Él no va a dirigir cada una de nuestras acciones. Nuestro amor y gozo dirigirán parte de ella, y eso conducirá a frutos porque estamos completamente comprometidos en el proceso. No somos rehenes de la voluntad de Dios; nos hemos ofrecido voluntariamente para hacerla, y los resultados se mostrarán porque usamos toda nuestra energía y creatividad para producir fruto. Ya no tenemos miedo de perder la voluntad de Dios, porque somos socios de Él (incluso amigos) cuando expresamos lo que nos hizo ser.

En el próximo capítulo, veremos de nuevo a Pablo y cómo este concepto se desarrolló en su vida, pero por ahora, te insto a encontrar tu gozo y expresar tu amor libremente y sin restricciones, y hacerlo con la mayor frecuencia posible. Al hacerlo, darás fruto y ese es el resultado final que Jesús busca en todas nuestras vidas.

Capítulo 13

RECOMPENSA

Echemos otro vistazo al concepto que hemos estado discutiendo, que se resume en la frase "Póngame, Entrenador". Hemos estado observando nuestro papel en dar fruto y ser productivos para el Señor, preguntando si realmente podemos ofrecernos como voluntarios para actuar o si necesitamos ser dirigidos por el Señor en todo momento. En los dos últimos capítulos, estudiamos la vida de Jesús, el mayor voluntario de todos los tiempos. Ahora, veamos al hombre que tuvo el mayor impacto en la iglesia primitiva después de Jesús, y csc es el apóstol Pablo.

Voluntariamente

Pablo escribió a los corintios acerca de su comisión de predicar el evangelio:

> "Si lo hiciera por mi propia iniciativa, merecería que me paguen; pero no tengo opción, porque Dios me ha encomendado este deber sagrado. ¿Cuál es, entonces, mi paga? Es la oportunidad de predicar la Buena Noticia sin cobrarle a nadie. Por esa razón, nunca reclamo mis derechos cuando predico la Buena Noticia". (1 Corintios 9:17-18).

Parece que Pablo estaba indicando que es aceptable llevar a cabo la voluntad de Dios sin ofrecerse como voluntario, pero no hay recompensa si se hace por obligación. Es simplemente una cuestión de deber. Sin embargo, si lo hacemos voluntariamente, hay una recompensa, pero no como pensaríamos. La recompensa de Pablo era que podía ofrecerse como voluntario para predicar gratuitamente a aquellos que escuchaban.

Era costumbre en la época de Pablo que los maestros y oradores viajaran y recibieran un pago por sus servicios. Pablo estableció que estaba bien aún para los siervos de Dios. A pesar de eso, Pablo decidió trabajar y cubrir todos los gastos de su equipo. Él eligió hacer esto, indicando que era su recompensa por ofrecerse como voluntario para predicar el evangelio. Por lo tanto, Pablo predicó voluntariamente pero además decidió hacerlo gratuitamente, manteniendo su trabajo para ganarse la vida. Pablo vio su capacidad de trabajar gratis como su recompensa por ofrecerse como voluntario para predicar. Ese es un giro interesante en lo que hizo, ¿no crees?

Ofrendas de Libre Albedrío

En el Antiguo Testamento, había algo llamado ofrenda de libre albedrío: "Tendrán que celebrar estos festivales además de los días de descanso habituales del Señor. Las ofrendas también son adicionales a las ofrendas personales, a las ofrendas que das para cumplir tus votos y a las ofrendas voluntarias que le presentas al Señor". (Levítico 23:38). Esta fue una oferta que no fue prescrita ni exigida, sino que se dio porque el que la dio eligió hacerlo. Dios no "puso la ofrenda" en su corazón y ellos obedecieron; eligieron lo que querían dar.

Incluyo el concepto de la ofrenda de libre albedrío porque eso parece ser lo que Pablo estaba haciendo cuando predicó voluntariamente de forma gratuita. Él escogió por su propia voluntad hacerlo.

Sí, el Señor apareció en el camino de Damasco y dijo que estaba enviando a Pablo a los gentiles. Cuando lo hizo, Pablo dijo en su corazón: "Iré", y luego agregó la parte de hacerlo gratis.

Dios ha asignado tu propósito y dones y te ha guardado una medida de creatividad. Debes aceptarlos de buena gana y con entusiasmo y no sentarte y solo expresarlos bajo la dirección de Dios. Debes hacer voluntariamente que todas esas cosas estén disponibles y accesibles para otras personas. No estoy sugiriendo que Dios no dirigirá lo que Él te ha dado; Seguramente lo hará. Al mismo tiempo, Él no dirigirá todas las expresiones, sino que esperará a que te ofrezcas como voluntario. Cuando lo hagas, conviértelo en una expresión extravagante, tal como lo hizo Pablo, y recibe la misma recompensa, que es el conocimiento de que estás en asociación con Dios y que los dos forman un equipo imbatible.

LA AUTORIDAD DEL PROPÓSITO

Me estaba preparando para dar una clase no hace mucho tiempo, y uno de los estudiantes trajo un pastel y bocadillos porque era su cumpleaños. Cuando dije: "Te invitaste a ti mismo a la fiesta", me recordó en un memorando del lunes que escribí hace años titulado: "Invítate a la fiesta". Supe de inmediato que encajaba con nuestro tema actual, que es "Póngame, Entrenador". Permíteme explicarlo con ejemplos de mi propia vida.

Durante años, fui invitado a programas en medios de comunicación, y eran impresionantes los elogios que recibía por parte de los anfitriones sobre la acogida del programa, y prometían tenerme de vuelta pronto. En casi todos los casos, nunca me invitaron de nuevo. Ahora, o estaban mintiendo que el programa había salido bien (estuve de acuerdo con su evaluación de que salió bien), o no tenían intención de invitarme (lo que significaba que estaban mintiendo), o simplemente no cumplieron (sinceros pero ineficientes). Cualquiera que sea la razón, decidí después de tantas decepciones invitarme a la fiesta: patrociné mi propio programa semanal en dos estaciones de AM durante seis años, y también presenté cientos de blogs en radio. Además, comencé un canal de Vimeo y tengo muchos videos publicados allí y en Facebook. Mi punto es que ya no me contentaba con ser invitado a la fiesta. Al igual que mi estudiante, organicé mi propia fiesta.

Un Llamado al Propósito

Me encontré con este comentario que escribí hace ocho años en Mateo 10:1-4. Primero, aquí está el pasaje, y luego mis comentarios:

> "Jesús reunió a sus doce discípulos y les dio autoridad para expulsar espíritus malignos y para sanar toda clase de enfermedades y dolencias. Los nombres de los doce apóstoles son los siguientes: Primero, Simón (también llamado Pedro), luego Andrés (el hermano de Pedro), Santiago (hijo de Zebedeo), Juan (el hermano de Santiago), Felipe, Bartolomé, Tomás, Mateo (el cobrador de impuestos), Santiago (hijo de Alfeo), Tadeo, Simón (el zelote), Judas Iscariote (quien después lo traicionó)".

Cuando Dios te llama a un propósito, te llama por tu nombre y te llama a Sí mismo. No es solo una tarea; es una relación única con Él. He descubierto que cuando funciono en mi propósito, Dios provee para mí y se encarga de todo lo que necesito para cumplir mi propósito. Él me habla, y mi relación con Él es de alguna manera más cercana e íntima cuando estoy llevando a cabo mi propósito.

En Mateo, Jesús llamó a doce hombres a sí mismo y les dio autoridad. Esa era una pregunta que los judíos siempre le hacían a Jesús; "¿Por qué autoridad haces estas cosas?" Jesús hizo las cosas que hizo en la autoridad de Su propósito. Esa es toda la autoridad que necesitas también, porque tu propósito es tu asignación desde la sede celestial. Cuando te mueves en tu propósito, no necesitas una invitación a la fiesta, por así decirlo. Te invitas a ti mismo. Alguien más lo describió como que te nominas a ti mismo para el trabajo.

Autoridad

Si tu propósito es ayudar a los pobres, no necesitas que nadie te invite a hacerlo. Te presentas donde están los pobres y los ayudas. Estaba reflexionando sobre este tema de la autoridad el otro día y se me ocurrieron nueve aspectos de propósito que te dan la autoridad para hacer lo que Sea que Dios quiera que hagas, sin una invitación. Aquí están:

1. La autoridad de los resultados: Tu propósito te ayuda a dar fruto. Nadie puede cuestionar tu autoridad cuando puedes mostrarles el fruto de tus labores.

2. La autoridad de la claridad: Tu propósito es una declaración clara y concisa de lo que estás en la tierra para hacer. La gente te seguirá y te responderá porque eres directo, claro y enfocado.

3. La autoridad del conocimiento: Tu propósito te permite e incluso te impulsa a ser hábil en lo que haces. Tendrás más perspicacia y conocimiento sobre tu esfera de propósito que otros.

4. La autoridad del llamado: Dios asignó tu propósito y quiere que lo cumplas aún más de lo que lo haces. Él te abrirá puertas y creará oportunidades para que tengas éxito.

5. La autoridad de la integridad: Tu propósito te hace vivir de acuerdo con tus valores, aquellas cosas que son más importantes para ti. No quieres socavar tu propósito, por lo que has agregado incentivos para ser una persona honesta de tu palabra.

6. La autoridad del coraje: Tu propósito te convierte en un líder donde funcionas. Te enfrentas a tus miedos porque tu propósito es más importante que tú. Hay personas que esperan beneficiarse de lo que haces y de quién eres, así que presionas a través de los obstáculos para estar allí para ellos.

7. La autoridad del éxito: Tu propósito te da resistencia para atravesar las barreras y soportar largos períodos de sufrimiento y frecuentes reveses. No solo logras resultados a corto plazo; lo haces durante un largo período de tiempo, que se define como éxito

8. La autoridad de la humildad: Conoces tu fuente de fortaleza, que es Dios mismo. Reconoces tu fuente, pero no niegas que eres bueno en lo que haces porque sabes que Dios te ayuda a producir resultados.

9. La autoridad de la honestidad: No te involucras en la "falsa humildad" (negando lo que puedes hacer). Conoces y enfrentas tus limitaciones y debilidades con apertura y transparencia, y haces lo mismo con tus fortalezas.

Cuando tienes un propósito, tienes toda la autoridad que necesitas para actuar. Si no puedes encontrar un socio que te ayude, lo haces solo y esperas a que un compañero te encuentre. Si eso no sucede, igual cuentas con el hecho de que tienes el socio más importante de todos, el Señor mismo, y juntos asistirán a una fiesta de propósito que impactará las vidas de los demás y enriquecerá la tuya.

LA AUTORIDAD DEL AMOR

Continuemos nuestra búsqueda de una respuesta a la pregunta: "¿Es permisible tomar un papel activo en ser creativos y cumplir con el propósito, o debemos esperar a que el Señor dirija todas nuestras acciones?" Soy de la opinión de que no solo es permisible, sino que también esperamos que nos expresemos de tantas maneras como sea posible, y he publicado este libro con el título, "Póngame, Entrenador".

A Jesús se le preguntó: "¿Con qué autoridad estás haciendo estas cosas? ¿Y quién te dio autoridad para hacer esto?" (Marcos 11:28). Si sales y haces más de lo que estás haciendo actualmente, alguien te hará la misma pregunta. Tratemos de encontrar una respuesta bíblica a la pregunta "¿Con qué autoridad?".

¿No Deberíamos?

Jesús instruyó a Sus discípulos a amarse unos a otros. ¿Cómo debemos definir o reconocer este amor? Juan lo definió de esta manera:

"Si alguien tiene suficiente dinero para vivir bien y ve a un hermano en necesidad pero no le muestra compasión, ¿cómo puede estar el amor de Dios en esa persona? Queridos hijos, que nuestro amor no quede solo en palabras; mostremos la verdad por medio de nuestras acciones". (1 Juan 3:17-18).

Ampliemos lo que Juan escribió para incluir cualquier necesidad que un hermano o hermana pueda tener. Si tenemos experiencia que podría beneficiarlos, ¿no deberíamos compartirla? Si tenemos un don que podría edificarlos, ¿no deberíamos expresarlo? Si tenemos una expresión creativa que podría bendecirlos, ¿no deberíamos producirla? ¿Tendría Dios que dirigirnos a hacer estas cosas, o el amor dictaría que lo hagamos a menos que Dios nos indique específicamente que no lo hagamos?

La Autoridad del Amor

Cuando se me pregunta con qué autoridad elegimos ponernos en el juego, sostengo que es por la autoridad del amor. Soy un maestro talentoso, así que el amor es toda la autoridad que necesito para ofrecerme como voluntario para enseñar una clase. El amor me motivará a ir a la escuela o leer para convertirme en un mejor maestro. Me impulsará a ver a otros maestros para aprender de ellos para ser aún más efectivos. Pablo explicó lo que estoy describiendo de esta manera:

"Pues ustedes, mis hermanos, han sido llamados a vivir en libertad; pero no usen esa libertad para satisfacer los deseos de la naturaleza pecaminosa. Al contrario, usen la libertad para servirse unos a otros por amor. Pues toda la ley puede resumirse en un solo mandato: «Ama a tu prójimo como a ti mismo". (Gálatas 5:13-14).

Somos liberados por la fe, pero debemos

hacernos esclavos a través del amor: "Haced todo en amor" (1 Corintios 16:14). Una última reflexión: no nos ofrecemos a ponernos en el juego de la vida más a menudo porque tenemos miedo, puro y simple. Tenemos miedo de perder al Señor, de adelantarnos al Señor o de desobedecer al Señor. Dejé de tener miedo y tomé en serio la verdad de 1 Juan 4:18: "No hay temor en el amor. Pero el amor perfecto expulsa el miedo, porque el miedo tiene que ver con el castigo. El que teme no se perfecciona en el amor". El miedo es una manifestación de amor imperfecto, por Dios y por los demás. Mi problema cuando no actué no era un problema de miedo sino un problema de amor, así que le pedí a Dios que expandiera mi corazón para poder amar más. Hoy, escribo, viajo y hablo con amor, y me pongo en el juego porque el Entrenador, mi magnífico Maestro, me ha amado lo suficiente como para usarme. No hay nada mejor que eso.

Capítulo 16

HACER SÓLO LO QUE EL SEÑOR DICE

Estuve sentado en una reunión recientemente mientras alguien compartía con los presentes sus proyectos creativos. Mientras esta persona describía lo que hacía, ella dijo repetidamente: "El Señor me inspiró... el Señor me mostró... el Señor me dio la idea". Para comenzar quiero decir que el Señor evidentemente hace todas esas cosas, como lo demuestra lo que David le dijo a Salomón cuando le entregó a su hijo los planes para el Templo: "Todo esto", dijo David, "tengo por escrito como resultado de la mano del Señor sobre mí, y él me permitió entender todos los detalles del plan" (1 Crónicas 28:19).

No creo, sin embargo, que el Señor haga esto para cada expresión creativa. El Templo era un proyecto específico que impactaría al mundo hasta los días de Jesús. En la mayoría de los casos, no estamos hablando de algo tan significativo, sino más bien de su creatividad intencional que involucra poesía, iniciar un negocio, escribir un libro o pintar un cuadro. El Señor te traerá la obra, pero depende de tu creatividad hacerla realidad. Funcionarás en la creatividad que Él te dio, pero dirás como Lucas escribió: "Con esto en mente, ya que yo mismo he investigado cuidadosamente todo desde el principio, yo también decidí escribir un relato ordenado para ti..." (Lucas 1: 3a, cursiva agregada).

Lucas decidió escribir y Dios estaba con él, espiándolo, pero no le dictó lo que escribió. Él era libre de ser Lucas, usando su experiencia, vocabulario y capacidad para organizar el material en un relato cohesivo del ministerio de Jesús. Lucas no afirmó que Dios le dijo, dirigió, conmovió o inspiró a escribir. Simplemente decidió escribir.

Lucas dijo: "Póngame, Entrenador, que voy a hacer como muchos otros y eso es escribir unas memorias ordenadas". Si bien suena espiritual atribuir toda tu creatividad y expresiones de propósito al Señor, aquí hay algunas razones por las que eso puede no ser sabio o la forma en que Dios quiere que funciones.

Dios Me Dijo Que...

Cuando decimos: "Dios me dijo que hiciera esto o aquello", es muy posible que lo haya hecho, pero debemos ser cautelosos para no hacer de eso una excusa para ser improductivos.

1. Todos hemos sido sacudidos de temor por advertencias repetidas de "no adelantarnos al Señor" o de descubrir "el tiempo perfecto de Dios". El miedo no se activa, sino que debilita y desencadena una respuesta de lucha o huida en nuestro cerebro. Si tenemos miedo y tenemos una idea, lucharemos contra ella o huiremos de ella, a menudo empleando excusas que suenan espirituales cuando lo hacemos.

2. Uno de nuestros miedos es lo que otras personas piensan si salimos y hacemos algo. Pueden estar amenazados por nuestras acciones o surcados con el mismo miedo, por lo que tratamos de adelantarnos a sus críticas diciendo: "Dios me dijo que lo hiciera...".

3. No escuchamos al Señor perfectamente. Nuestros temores y nociones preconcebidas de quiénes somos y lo que Dios nos dirigiría o no a hacer, distorsionan lo que escuchamos. ¿No me crees? Jesús les dijo a los apóstoles que se fueran y se quedaron. El Padre habló desde el cielo respaldando el ministerio de Jesús y algunos pensaron que era un trueno. El Señor le dijo a Pedro en Hechos 10 que "matara y comiera" y Pedro dijo: "¡De ninguna manera!" Eso habría requerido que ya no comiera una dieta kosher, que asumió que Dios nunca ordenaría, y por lo tanto, Dios tuvo que decirle varias veces que matara y comiera.

4. Nunca fue la intención de Dios que "esperáramos en el Señor" cada acción en la vida, especialmente en lo que respecta a nuestra creatividad y propósito. Segunda de Corintios 6:1 dice que somos los "colaboradores" de Dios. En Génesis 2:19-20, Dios trajo a todos los animales ante Adán para que pudiera nombrarlos. Dios no susurró al oído de Adán cómo nombrarlos, sino que dejó que la creatividad de Adán lo hiciera. Dios dirigió la obra de Adán, pero Adán

puso su toque personal para completar la tarea.

5. 5. Se nos ha enseñado que tenemos un corazón malvado, por lo que debemos ser cautelosos o francamente hostiles hacia los deseos en nuestros corazones. Ignoramos el hecho de que Dios prometió—y ha cumplido esa promesa— darnos un corazón nuevo por Medio Por Su Espíritu (véase Ezequiel 36:26). No estoy afirmando que nuestro nuevo corazón sea infalible, pero no es tan malvado o descarriado como el antiguo. Podemos confiar en él mucho más a menudo de lo que lo hacemos actualmente.

Una Excusa

Dios me ha dado un don para escribir y un corazón para servir en África. He caminado con Él durante 46 años, estudiado Su Palabra y aprendido Sus caminos. Hace una década, dije: "Póngame, Entrenador" y Él lo ha hecho. Me ha presentado oportunidades y me ha preguntado: "¿Qué vas a hacer con esto? ¿Qué quieres hacer con esto?" Mi respuesta ha sido: "¡Haré todo lo humanamente posible por el poder y la energía que Tú suministras!"

Dios pudo darle a David los planes para el Templo y la mente para entenderlos porque décadas antes había compuesto música y poemas. Luego luchó creativamente en el ejército del Señor y aprendió a reconocer y escuchar al Señor a través de las circunstancias, así como a Su voz apacible. Luego organizó su reino, y finalmente, estaba listo para cosas aún más grandes, un edificio como el que el mundo nunca había visto. A medida que te insertas en situaciones de "juego", el entrenador celestial podrá confiarte oportunidades más grandes y significativas. Si lo usas como una excusa para la inactividad, languidecerás en el banco de la vida, absorbiendo el amor de Dios pero sin conocer nunca las alegrías de estar en el campo de acción.

¿Estás usando a Dios como una excusa para no crear? ¿Estás esperando que el Señor haga lo que sólo tú puedes hacer? ¿Estás en la marcha como lo hicieron los apóstoles, o solo marchando en tu mismo lugar? ¿Hace cuánto tiempo lo conoces y qué estás haciendo para probar la validez y vitalidad de tu relación con Él? Te insto a que tomes un papel más agresivo y activo en ser y expresar quién Dios te hizo ser, confiando en que Dios te dirigirá a medida que avanzas y dándote cuenta de que Él no te empujará mientras te resistes o esperas continuamente en Él.

APRENDE A CONFIAR EN TU CORAZÓN

A medida que continuamos con nuestro tema "Póngame, Entrenador", quiero ver el tema de nuestro corazón en este capítulo, no el que late y mantiene nuestra sangre circulando, sino nuestro interior donde existen nuestras emociones, deseos y partes invisibles. Si estás buscando una descripción exacta de lo que nuestro corazón es o hace, te sentirás decepcionado, porque no intentaré explicar el corazón en detalle, sino que mostraré por qué podemos confiar en lo que está en nuestro corazón mucho más a menudo de lo que lo hemos hecho hasta este momento de la vida. Al final, puedes decirme lo bien que lo hice al tratar de lograr mi objetivo.

El Corazón es Malvado: ¿No o Sí?

Regularmente escucho comentarios o leo cosas que me advierten a mí y a los otros oyentes y lectores que tengamos cuidado cuando se trata de nuestro corazón. Se nos advierte que el corazón es malvado y perverso y no se puede confiar en él. La base de esta advertencia se encuentra en Jeremías 17:9, donde el Señor le dijo al profeta: "El corazón es engañoso más que todas las cosas ¿Quién puede entenderlo?» Se nos ha advertido repetidamente que confiar en el corazón de uno es una invitación al pecado y al desastre.

¿Quién puede discutir con eso? Tenemos suficiente experiencia de vida para saber que hacer lo que está en nuestro corazón ha traído y puede traer consecuencias negativas a largo plazo. Prestamos atención a la advertencia y, por lo tanto, no confiamos en lo que hay en nosotros, solicitando y exigiendo confirmación tras confirmación antes de que comencemos a confiar o escuchar lo que nuestro corazón puede estar diciéndonos.

El problema con todo esto es que prestamos atención a la advertencia en Jeremías 17:9 sin pasar al siguiente versículo, donde el Señor respondió a Su propia pregunta: "Yo el Señor escudriño el corazón y examino la mente, para recompensar a cada persona según su conducta, de acuerdo con lo que sus obras merecen" (Jeremías 17:10). parecería por el contexto que Dios evalúa nuestro corazón y no todo es malo, de lo contrario no habría nada que recompensar. Dios habría dicho: "Estoy aquí para castigar todas tus obras si emanan de tu corazón, que es malo y está más allá de la esperanza". Eso no es lo que Él dijo.

Si puede haber algún remanente de esperanza para nuestro corazón, ¿cómo podemos aprender a confiar en él?, porque necesitaremos nuestro corazón si vamos a vivir la filosofía de "Póngame, Entrenador". La clave es reconocer la verdad en Jeremías 17:9, pero luego leer qué más dijo el Señor que pertenece a nuestro corazón.

Un Nuevo Corazón

El Señor prometió que haría algo nuevo en nuestros corazones cuando introdujo un nuevo pacto:

"Se acerca el día—dice el Señor—, en que haré un nuevo pacto con el pueblo de Israel y de Judá. Este pacto no será como el que hice con sus antepasados cuando los tomé de la mano y los saqué de la tierra de Egipto. Ellos rompieron ese pacto, a pesar de que los amé como un hombre ama a su esposa, dice el Señor. Pero este es el nuevo pacto que haré con el pueblo de Israel después de esos días—dice el Señor—. Pondré mis instrucciones en lo más profundo de ellos y las escribiré en su corazón. Yo seré su Dios, y ellos serán mi pueblo". (Jeremías 31:31-33).

Parece que Dios prometió anular el sistema operativo de nuestro viejo corazón con un nuevo script (nuevo código si piensas en la terminología informática). Por lo tanto, algunas cosas en nuestros corazones pueden ser buenas, depositadas allí de la propia letra de Dios. Podemos tener, sin embargo, un odre viejo de un corazón, y Jesús dijo que el vino nuevo no puede entrar en un odre viejo o la piel estallará. Dios se encargó de ese problema cuando le explicó al profeta Ezequiel:

"Pues los recogeré de entre todas las naciones y los haré regresar a su tierra. Entonces los rociaré con agua pura y quedarán limpios. Lavaré su inmundicia y dejarán de rendir culto a ídolos. Les daré un corazón nuevo y pondré un espíritu nuevo dentro de ustedes. Les quitaré ese terco corazón de piedra y les daré un corazón tierno y receptivo". (Ezequiel 36:24-26).

Dios prometió un nuevo pacto, cuyos términos escribiría en nuestros corazones, y prometió un nuevo corazón que no estaría hecho de piedra sino de carne. Sostengo que este nuevo corazón no fue dado a Israel en el contexto de una nueva tierra y templo cuando regresaron del exilio, sino que fue otorgado en el poder del Espíritu hecho posible por el sacrificio de Jesús en la cruz.

Si todo esto es cierto, entonces ciertamente no podemos confiar en nuestro viejo corazón, pero podemos confiar en nuestro nuevo corazón porque podemos confiar en su creador, pastor y cirujano. El Señor es el que obra en nuestros corazones y he aprendido a confiar en el Dios de mi corazón. Si está en mi corazón escribir, escribo. Si está en mi corazón ir, voy. Si está en mi corazón ayudar, ayudo. Dios no está tratando de engañarme y el viejo corazón que todavía aparece de vez en cuando está siendo gradualmente llenado y sobrescrito con mensajes de amor e impresiones del Señor.

Esto es importante si vamos a vivir la filosofía "Póngame, Entrenador", porque hay momentos en que nuestro corazón nos mueve y debemos actuar. Que el Dios de tu corazón te dé confianza no en tu viejo corazón sino en el nuevo que Él ha moldeado, y que aprendas a no confiar en tu corazón, sino en el Dios de tu corazón, que nunca te llevará por mal camino.

VOLVERSE EFICAZ

Se me ocurrió que tener la filosofía de vida y trabajo de "Póngame, Entrenador" requiere que nos convirtamos en personas eficaces. Admítelo, no sabías que "ser eficaz" hacía parte de tu lista de cualidades. Si eres realmente honesto, puedes admitir que ni siquiera sabes lo que significa. Eso está bien, porque no lo supe hasta hace unos 15 años, pero cuando descubrí la definición, decidí ser más eficaz con la ayuda de Dios. Veamos la palabra y luego una aplicación para la lección de este capítulo.

Eficacia

La palabra eficacia simplemente significa que tienes la creencia de que puedes hacer que algo suceda. Siempre que tienes una idea, estás haciendo una evaluación de eficacia, determinando si puedes o no hacer que esa idea se convierta en realidad. Si piensas: "Debería volver a la escuela", comienzas tu evaluación de eficacia y te hablas a ti mismo de la real posibilidad de hacerlo. Entonces piensas: "Sí, eso será agradable. He querido hacer eso por un tiempo" o "Dios mío, no he estado en la escuela durante 20 años. No me va bien en matemáticas. No tengo tiempo. No tengo el dinero. Este no puede ser el Señor".

¿Ves cómo funciona? O usas tu pensamiento

y diálogo interno para avanzar y hacer que algo suceda o para alejarte de hacer que algo suceda. Te vuelves eficaz o ineficaz. Es importante que aprendas a confiar en tus pensamientos si vas a ser eficaz. Si continuamente los rechazas como si fueran seres extraños para temer y erradicar, estás destinado a una vida ineficaz para caminar con el Señor.

Probablemente nunca hayas pensado: "Debería ser un astronauta o un científico nuclear". Esas dos cosas estarían fuera del ámbito de la posibilidad para ti. La mayoría de las ideas que tienes están relacionadas con algo que tienes la capacidad de hacer o aprender a hacer. Volverías a estudiar, por ejemplo, porque disfrutarías aprendiendo algo: "He querido estudiar la Biblia o el arte o la psicología; esta será mi oportunidad". Dios no está tratando de engañarte o atraparte; Él está trabajando contigo para hacerte la mejor y más productiva persona posible. Con esa confianza, puedes decir: "¡Ponme en la escuela, Entrenador! ¡Ponme en el ministerio, Entrenador! ¡Ponme en Misiones, entrenador! ¡Ponme en el Negocio, entrenador!" Esa actitud te convertirá en una persona eficaz.

Un Ejemplo

En el libro de los Hechos, Pablo y su equipo estaban orando para que el Señor los pusiera en el juego de las misiones. Habían estado tratando de ir en una dirección, pero el Espíritu de Jesús no les permitió ir:

> "Luego, Pablo y Silas viajaron por la región de Frigia y Galacia, porque el Espíritu Santo les había impedido que predicaran la palabra en la provincia de Asia en ese tiempo. Luego, al llegar a los límites con Misia, se dirigieron al norte, hacia la provincia de Bitinia, pero de nuevo el Espíritu de Jesús no les permitió ir allí. Así que siguieron su viaje por Misia

hasta el puerto de Troas. Esa noche Pablo tuvo una visión. Puesto de pie, un hombre de Macedonia—al norte de Grecia— le rogaba: «¡Ven aquí a Macedonia y ayúdanos!». Entonces decidimos salir de inmediato hacia Macedonia, después de haber llegado a la conclusión de que Dios nos llamaba a predicar la Buena Noticia allí". (Hechos 16:6-10).

¿Qué podemos aprender de este pasaje para ayudarnos a ser eficaces? El equipo estaba buscando activamente al Señor, y estaban en movimiento tratando de encontrar la puerta abierta. Confiaban en que el Señor estaba con ellos, queriendo que fueran y estuvieran en el juego. Cuando Pablo tuvo el sueño, estaba seguro de que no era un truco. La visión que tenía no era extravagante, sino algo que podían y querían hacer. Luego fue el paso más importante en la historia: se prepararon para actuar. No necesitaban más confirmación ni tiempo para esperar en el Señor. Hicieron las maletas y se volvieron eficaces, haciendo que la visión que Pablo tenía, se hiciera realidad.

¿Estás investigando y experimentando para descubrir qué rol Dios quiere que tengas en el juego? Cuando tienes una idea, ¿estás buscando inmediatamente una manera de hacerla realidad? ¿Confías en que el Señor te guiará y no te engañará ni te engañará? Si respondes sí a esas preguntas, entonces estás en camino de convertirte en una persona eficaz. Si no, tienes algo de trabajo que hacer para que puedas dejar de ser el mayor obstáculo entre tú y la voluntad del Señor para tu vida.

Dios está contigo y no contra ti. Armado con ese conocimiento, puedes estar seguro de salir y entrar en el juego, sin importar qué juego te haya asignado Dios. Cuando hagas eso, serás el compañero de Dios mientras juntos trabajan para dejar una marca en el mundo que solo ustedes dos pueden hacer. Cuando no lo hagas, dedicarás tu energía y creatividad a bloquear en lugar de mejorar el propósito de Dios para ti. La elección es tuya y te ruego que elijas la eficacia.

UNA VEZ MÁS

La Biblia está llena de sorpresas con respecto a las personas que Dios usó para lograr Sus propósitos. Hemos visto a algunos de ellos en este libro, hombres como Pedro, Nehemías y Moisés. Tal vez el más improbable de todos fue un hombre cuyo nombre es mencionado en Hebreos 11, el capítulo del salón de la fama de la fe: 32 ¿Y qué más diré? Porque el tiempo me fallará si hablo de Gedeón, Barac, Sansón, Jefté, de David y Samuel y de los profetas" (Hebreos 11:32). El nombre en el que quiero centrarme es Sansón, porque habría tenido problemas para ser miembro de algunas iglesias y mucho menos un campeón de Dios. Sin embargo, eso es exactamente lo que era, así que veamos su historia en este capítulo y veamos cuándo y cómo manifestó la mentalidad de "Póngame, Entrenador".

Un Hombre Fuerte

Sansón es conocido por su fuerza, cuyo secreto era su compromiso total con el propósito de Dios para su vida, como lo demuestra lo que se conoce como un voto nazareo:

"Entonces el ángel del Señor se le apareció a la esposa de Manoa y le dijo:

«Aunque no has podido tener hijos, pronto quedarás embarazada y darás a luz un hijo varón. Así que ten cuidado; no debes beber vino ni ninguna otra bebida alcohólica ni comer ninguno de los alimentos prohibidos. Quedarás embarazada y darás a luz un hijo, a quien jamás se le debe cortar el cabello. Pues él será consagrado a Dios como nazareo desde su nacimiento. Él comenzará a rescatar a Israel de manos de los filisteos»". (Jueces 13:3-5).

No desarrollaremos el concepto de este voto inusual de no cortar el cabello ni beber vino, pero basta con decir que Sansón tenía un propósito (liberar a Israel de las manos de los filisteos y estaba especialmente dotado para lograrlo. Parece que el Señor vendría sobre él poderosamente (véanse Jueces 14:19 y 15:14), y realizaría hazañas de fuerza sobrehumana. Una traducción dice que el Señor se vestiría con Sansón, que es una gran imagen de cómo Dios usa a cualquiera de nosotros en nuestro propósito, es Él quien está haciendo la obra, pero se parece a nosotros cuando cooperamos con Su voluntad.

Sin embargo, como todos los campeones de propósito, Sansón tenía una debilidad y eran las mujeres. Terminó casándose con una mujer filistea llamada Dalila que no era una buena influencia para él, y finalmente ella molestó a Sansón para que le contara el secreto de su fuerza:

"Entonces finalmente Sansón le reveló su secreto: «Nunca se me ha cortado el cabello—le confesó—, porque fui consagrado a Dios como nazareo desde mi nacimiento. Si me raparan la cabeza, perdería la fuerza, y me volvería tan débil como cualquier otro hombre». Así que Dalila se dio cuenta de que por fin Sansón le había dicho la verdad, y mandó llamar a los gobernantes filisteos. «Vuelvan una vez más—les dijo—, porque al fin me reveló su secreto». Entonces los gobernantes filisteos volvieron con el dinero en las manos. Dalila arrulló a Sansón hasta dormirlo con la cabeza sobre su regazo, y luego hizo entrar a un hombre para que le afeitara las siete trenzas del cabello. De esa forma, ella comenzó a debilitarlo, y la fuerza lo abandonó. Entonces ella gritó: «¡Sansón! ¡Los filisteos han venido a capturarte!». Cuando se despertó, pensó: «Haré como antes y enseguida me liberaré»; pero no se daba cuenta de que el Señor lo había abandonado. Así que los filisteos lo capturaron y le sacaron los ojos. Se lo llevaron a Gaza, donde lo ataron con cadenas de bronce y lo obligaron a moler grano en la prisión. Pero en poco tiempo, el cabello comenzó a crecerle otra vez. (Jueces 16:17-22).

A estas alturas, es posible que te preguntes cómo esta historia se convierte en el tema "Póngame, Entrenador" de este libro. Para la respuesta, tenemos que mirar un poco más de la historia.

Una Vez Más

Sansón había fracasado, sucumbiendo a un grave defecto de carácter que lo llevó a su derrota y humillación. Sansón aparece en Hebreos 11 como un hombre de fe y fue cuando estaba en su peor momento que se convirtió en su mejor momento, cuando dijo: «¡Póngame, Entrenador!"

"Entonces Sansón oró al Señor: «Señor Soberano, acuérdate de mí otra vez. Oh, Dios, te ruego que me fortalezcas solo una vez más. Con un solo golpe, déjame vengarme de los filisteos por la pérdida de mis dos ojos». Entonces Sansón apoyó las manos sobre las dos columnas centrales que sostenían el templo; las empujó con ambas manos y pidió en oración: «Déjame morir con los filisteos». Y el templo se derrumbó sobre los gobernantes filisteos y todos los demás presentes. De esa manera, Sansón mató más personas al morir, que las que había matado durante toda su vida. (Jueces 16:28-30).

Sansón tuvo fe para pedir otra oportunidad de hacer lo que había sido creado para hacer. Es asombroso que Dios escuchara su súplica y se vistiera una vez más con el propósito de Sansón.

Las lecciones de esta historia son muchas, pero para nuestros propósitos, solo hay una. Incluso después de su mayor fracaso, cuando estaba en su punto más bajo y parecía que todo había terminado, Sansón por su fe, se puso en modo "Póngame, Entrenador". Se metió en el juego y Dios lo usó para lograr una victoria para su pueblo. Si Sansón dijo: "Póngame, Entrenador", entonces tú también puedes. ¿Has permitido que tus fracasos y descalificaciones intimiden tu voluntad y deseo de ser usado por Dios? ¿Crees que es demasiado tarde para que juegues un papel significativo en el juego de propósito de Dios? Si respondes sí a cualquiera de las preguntas, entonces toma la lección de este capítulo y sigue el ejemplo de Sansón. Pon tus manos derecha e izquierda en los pilares de tu propósito, empuja con todo el poder que Dios te da, y luego siente que la tierra tiembla bajo el poder de tu propósito. No es demasiado tarde, a menos que determines que lo es.

LIBRE ALBEDRÍO SIGNIFICA LIBRE VOLUNTAD

Aunque estamos cerca de terminar nuestro estudio de "Póngame, Entrenador", todavía estamos tratando de responder a la pregunta: ¿Es apropiado ver una situación y ofrecernos como voluntarios para participar, incluso si no sentimos la guía del Señor? He tratado de argumentar que lo es y aquí hay un argumento más para ayudar a probar mi posición.

Una Ofrenda

Cuando Moisés presentó los planes ante el pueblo para el tabernáculo del desierto, dijo que sería necesario llevar una ofrenda al Señor para cubrir el costo de construcción. Así es como la gente respondió:

> "Entonces, toda la comunidad de Israel se despidió de Moisés, y *cada cual regresó a su carpa*. Todos aquellos con el corazón motivado y el espíritu conmovido regresaron con ofrendas sagradas al Señor. Trajeron todos los materiales

que se necesitaban para levantar el tabernáculo, para realizar las ceremonias y para confeccionar las vestiduras sagradas. *Vinieron todos los que tenían el corazón dispuesto*, tanto hombres como mujeres, y trajeron al Señor sus ofrendas de oro: broches, aretes, anillos y collares. Presentaron toda clase de objetos de oro como una ofrenda especial para el Señor. Todos los que poseían hilo azul, púrpura y escarlata; lino fino y pelo de cabra para tela; pieles de carnero curtidas y cuero de cabra de la mejor calidad, los traían voluntariamente... Así, *todos los del pueblo de Israel—cada hombre y cada mujer con deseos* de colaborar en la obra que el Señor les había dado por medio de Moisés—presentaron sus *ofrendas con generosidad* al Señor". (Éxodo 35:20-23, 29, énfasis adicionado).

La frase "quienes estaban dispuestos" se usa tres veces cuando Moisés describió cómo respondió el pueblo. Por lo tanto, lo que dieron fue designado como una ofrenda de libre albedrío porque el Señor no les indicó cuánto dar. Solo les ordenó que dieran y dejó decidir a cada individuo. Él no dijo: "Da lo que quieras", y luego, mientras la gente contemplaba la cantidad, el Señor no susurró: "Diez talentos de oro", solo entonces para que la persona diera diez talentos en obediencia. Eso no habría sido una ofrenda de libre albedrío. Habría sido una ofrenda voluntaria si el corazón del dador estuviera en lo correcto, pero no un regalo de libre albedrío.

Una Aplicación Práctica

Por lo tanto, vemos que era aceptable que la gente determinara cuánto y qué iban a dar hacia el tabernáculo. ¿Podemos aplicar este mismo principio a nuestra situación actual? Estamos construyendo la iglesia de Jesús y Él ha establecido lo que hay que hacer. Hemos recibido dones del Espíritu y cada uno de nosotros tiene un propósito para desarrollarnos de una manera que nos traerá gozo y beneficio y servirá a otras personas. Si era apropiado dar una ofrenda de dinero o riqueza para el tabernáculo, ¿por qué sería inapropiado para nosotros dar una ofrenda de libre albedrío de quiénes somos y qué hacemos a la obra del Señor a medida que nuestros corazones nos mueven?

Lo que es más, ya que debemos ejercer dominio sobre la tierra como se ordena en Génesis 1:28-29, ¿por qué sería inapropiado ofrecer esos mismos dones y talentos para hacer del mundo un lugar mejor para la gloria de Dios? ¿Se ofendería Dios realmente si decidieras ayudar a 50 huérfanos en África como una ofrenda de agradecimiento por Su cuidado y provisión para tu familia? ¿Crees que el Señor respondería: "¿Quién te dijo que ayudaras a 50 huérfanos? Solo quería que ayudaras a 10 huérfanos y dejaras que los otros 40 sufrieran. ¿Cómo te atreves a salir de Mi voluntad de hacer el bien? Soy el jefe por aquí, y harás lo que te diga que hagas, ni más ni menos".

Eso puede sonar absurdo, pero parece que algunos creen que si se adelantan al Señor o hacen demasiado bien o van demasiado lejos, Dios estará disgustado. Mi pensamiento es que si Dios me dio el don para escribir, entonces debo trabajar para que ese don sea lo mejor posible y luego usarlo tan a menudo como sea posible. Pasé nueve años escribiendo un devocional versículo por versículo de todo el Nuevo Testamento. Comencé mi compañía editorial para ayudar a otras personas a escribir porque soy escritor. Es una ofrenda de libre albedrío de mi don al pueblo de Dios para ayudarlos a expresar su creatividad y conocer la alegría de tener una obra publicada. ¿Fui demasiado lejos? ¿Di demasiado?

¿Estoy fuera de los límites de lo que Dios permite? Te dejaré ser el juez de eso, mientras continúo publicando y escribiendo. Mi punto es que el libre albedrío significa precisamente eso. Debemos usar nuestro propio juicio para dar libre y voluntariamente lo que tenemos y quiénes somos al mundo que nos rodea, tanto a la iglesia como a la sociedad. Dios no está buscando esclavos, aunque Él dirige nuestro trabajo y a veces será bastante específico acerca de lo que Él quiere que hagamos y con quién. Hay otras ocasiones en que el Señor plantea la pregunta: "¿Qué quieres hacer?" y sostengo que es permisible responder: "¡Póngame, Entrenador!" Después de eso, solo necesitas mirar las necesidades a tu alrededor y ponerte manos a la obra. Dios no se sentirá amenazado. Por el contrario, lo honrarás al hacerlo, y tú a tu vez encontrarás el gozo de hacer algo no porque tengas que hacerlo, sino porque eliges hacerlo. Dios quiere socios y amigos, no esclavos, así que sé amigo de Dios y expresa quién eres. Te alegrarás de haberlo hecho.

NO SEAS TONTO

A estas alturas, entiendes mi punto (espero).
Necesitamos involucrarnos más agresivamente en
hacer la obra que Dios tiene para nosotros. Muchos
de nosotros hemos sido demasiado pasivos y cautelosos para decir: "Aquí estoy, Señor, úsame", incluso ofreciéndonos como voluntarios si no vemos una
puerta abierta. Veamos ahora el papel que otros
pueden desempeñar para ayudarnos a ponernos
en el juego.

Un Tonto

No hace mucho tiempo, estaba editando uno
de mis devocionales diarios de Proverbios que se
centraba en este versículo: "El que confía en sí mismo es un necio, pero el que camina en sabiduría, se
mantiene a salvo" (28:26). Si eres como yo, has leí-
do ese versículo para tener un significado negativo
de que si confiamos en nosotros mismos, nos des-
viaremos o nos meteremos en problemas porque
lo que hay en nosotros está mal debido a nuestra
tendencia a ser engañados. ¿Hay otra manera de
interpretar ese versículo? Hay y aquí está lo que
escribí sobre ese versículo.

Es fácil subestimar tu potencial y el poder de
tus ideas. Esa es la razón por la que necesitas que
otras personas hablen en tu vida si quieres caminar

en sabiduría para que puedan ayudarte no solo a ver tus debilidades sino también tus fortalezas. ¿Quiénes son tus entrenadores y mentores? ¿Quién desafía y amplía tu perspectiva sobre la vida y el propósito? ¿Quién está en tu "junta directiva" personal? Como ejemplo del tipo de aporte y aliento que necesitas de los demás, lee acerca del encuentro que Jonatán y David tuvieron en 1 Samuel 23:16-18:

> "Jonatán fue a buscar a David y lo animó a que permaneciera firme en su fe en Dios. «No tengas miedo—le aseguró Jonatán—, ¡mi padre nunca te encontrará! Tú vas a ser el rey de Israel, y yo voy a estar a tu lado, como mi padre bien lo sabe». Luego los dos renovaron su pacto solemne delante del Señor. Después Jonatán regresó a su casa, mientras que David se quedó en Hores".

Jonatán no visitó a David para reprenderlo o decirle que estaba haciendo algo mal. Vino a recordarle a David la promesa de Dios y a animarlo a no darse por vencido. Jonatán afirmó el llamado y el papel de David en el servicio a la nación, a pesar de que David vivió bajo una amenaza de muerte de Saúl, lo que ayudó a mantener a David en el camino correcto. Sí, es posible que necesitemos que las personas nos corrijan cuando estamos equivocados, pero a menudo necesitamos que nos animen a aceptar nuestra propia grandeza y brillantez en el área de nuestros dones y propósito. Eres un tonto si no escuchas a las personas que te dicen lo que estás haciendo bien y te animan a hacer más.

Una Evaluación

Hace unos 13 años, me ofrecí como voluntario para hacerme lo que se llama una evaluación de 360 grados. Elegí a 30 personas que completaron una encuesta en línea que me evaluó a mí, mi liderazgo y mi carácter en 29 áreas diferentes. Fue una evaluación larga y complicada, que también completé, respondiendo a las mismas preguntas. Cuando obtuve los resultados, me puntuó en áreas como colaboración, cuidado comunitario, comunicación, crecimiento personal, pasividad y cooperación, entre otros.

Los puntajes regresaron en un complicado gráfico circular que tenía áreas grises oscuras en cada categoría con una línea roja en algún lugar de esa categoría también. La línea roja era donde me veía a mí mismo y el área gris era donde otros me veían estar. Sin excepción, mi línea roja cayó por debajo de las áreas grises de otros en cada categoría positiva, pero esa línea estaba por encima de las áreas grises en las características negativas. ¿Qué indicó esto? Mostró que constantemente sobreestimé mis debilidades y subestimé mis fortalezas.

Me sorprendieron los resultados, pero escuché al Señor en ellos. Me estaba diciendo que dejara de arriesgar poco, que dejara de ser un "cristiano humilde". Mi humildad de considerarme menos que el verdadero yo era en realidad falsa y negaba lo que el Señor había hecho en mi vida y quién me había hecho ser. Después de examinar los resultados, me di cuenta de que no iba a retroceder, no ser "cristiano" (y con eso, me refiero a la interpretación errónea de lo que significaba ser realista con respecto a mis dones y talentos) y actuar como si todo dependiera de Dios como si no tuviera ningún papel en Su plan para mi vida. A partir de ese momento, decidí publicar y transmitir todo lo que sabía y aprovechar cada oportunidad para ponerme a disposición para ayudar a la mayor cantidad de personas posible.

Cuando salí de una iglesia no hace mucho tiempo en Nairobi, una iglesia que no había visitado en muchos años, fui recibido por tres mujeres (y es una iglesia de miles) que me contaron cómo había cambiado sus vidas cuando me reuní con ellas en 2005-2006. Me contaron sus historias, querían mi tarjeta y prometieron reconectarse conmigo. Me sorprendió porque pensé que mi impacto se había olvidado allí debido a mi prolongada ausencia. No lo había hecho, y ahora estoy más decidido que nunca a renovar mis esfuerzos para jugar en las ligas mayores y vivir según la filosofía "Póngame, Entrenador".

Te invito a unirte a mí porque supongo que eres como yo: subestimando tu capacidad para la obra y el propósito de Dios y cómo eso impactará a los demás para bien. No arriesgues poco escondiéndote entre la multitud, insistiendo en que si Dios te quiere, Él tendrá que encontrarte (y no le pondrás fácil hacerlo). Preséntate al Señor en la plenitud de lo que eres y marca la diferencia mientras aún tengas tiempo. Encuentra a otras personas, entrenadores, mentores, amigos o quien sea que pueda y te ayude a estar a la altura de tu potencial y no a vivir a la altura de tus miedos. No seas un tonto y solo confía en ti mismo en lo que respecta a tus fortalezas. Escucha lo que Dios ha estado tratando de decirte a través de los demás y no te aferres obstinadamente a tu punto de vista negativo sobre quién eres y qué puedes hacer. Si haces eso, lo mejor para ti está por venir. Si no haces eso, entonces acostúmbrate a la vista desde la banca, porque ahí es donde te sentarás mientras observas a otros jugar el juego del propósito.

OCULTAMIENTO

Cuando leo, medito, entreno y aconsejo a personas reacias, veo la necesidad de fortalecer esta filosofía de vida en ellos (y hasta cierto punto en mí). En los siguientes cuatro capítulos, veamos dos malos ejemplos de la filosofía de "Póngame, Entrenador" (el rey Saúl y Moisés), y dos buenos ejemplos (Nehemías y el apóstol Pablo). Comencemos con el rey Saúl.

Confirmación

A menudo escucho a la gente decirme: "Si Dios me mostrara Su voluntad, si realmente supiera que es lo que Él quiere, estaría encantado de hacerlo. Iré a África contigo, escribiré, predicaré o comenzaré un negocio, una vez que esté seguro de que es Su voluntad". He tenido muchas experiencias con personas que dicen esto pero luego ignoran las señales ante ellos de que deben actuar. A veces son educados, pero en otras ocasiones se niegan rotundamente a ceder, queriendo hacer (o no hacer) lo que están considerando en sus propios términos y de acuerdo con su propio calendario. No tienen urgencia ni intención de salir de su zona de confort.

Estas personas me hacen pensar en el rey Saúl. No hay nadie que haya tenido más confirmaciones milagrosas con respecto a la voluntad de

Dios para su vida que Saúl. Estos versículos explican por qué hago esa declaración:

"Entonces Samuel tomó un frasco de aceite de oliva y lo derramó sobre la cabeza de Saúl. Besó a Saúl y dijo: «Hago esto porque el Señor te ha designado para que gobiernes a Israel, su posesión más preciada. Cuando me dejes hoy, verás a dos hombres junto a la tumba de Raquel en Selsa, en los límites del territorio de Benjamín. Ellos te dirán que los burros fueron encontrados y que tu padre dejó de preocuparse por ellos, pero que ahora está preocupado por ti. Está preguntando: "¿Han visto a mi hijo?".

"Cuando llegues al roble de Tabor, te encontrarás con tres hombres que van camino a Betel para adorar a Dios. Uno llevará tres cabritos, otro tendrá tres panes y el tercero un odre lleno de vino. Los tres hombres te saludarán y te ofrecerán dos panes, los cuales debes aceptar".

"Cuando llegues a Guibeá de Dios, donde está la guarnición de los filisteos, encontrarás a un grupo de profetas que desciende del lugar de adoración. Estarán tocando un arpa, una pandereta, una flauta y una lira, y estarán profetizando. En ese momento el Espíritu del Señor vendrá poderosamente sobre ti y profetizarás con ellos. Serás transformado en una persona diferente. Después de que sucedan estas señales, haz lo que deba hacerse, porque Dios está contigo". (1 Samuel 10:1-7).

¿Dirías que Dios confirmó Sus deseos para la vida de Saúl? Y una vez que lo hizo, note el maravilloso mandato de "Póngame, Entrenador" que el Señor le dio: "Haz lo que tu mano encuentre hacer". Dios ungió y comisionó a Saúl y luego le dijo que fuera a hacer lo que encontrara que había que hacer. ¿Cuál fue la respuesta de Saúl? ¿Salió corriendo para liberar a su pueblo? ¿Alimentó a los pobres? ¿Liberar a los cautivos? No, no hizo ninguna de esas cosas; de hecho, hizo todo lo contrario.

Ocultamiento

Cuando Saúl regresó a casa después de su búsqueda de burros perdidos, su tío le preguntó dónde había estado y qué le había dicho Samuel. Saúl respondió: "Nos aseguró que los burros habían sido encontrados". Pero no le dijo a su tío lo que Samuel había dicho acerca del reino" (1 Samuel 10:16). Me parece extraño que Saúl no informara a la emocionante noticia de que había sido seleccionado para ser el próximo rey. ¿Era reacio a llamar la atención sobre sí mismo? ¿Estaba siendo modesto y humilde? ¿No quería ofender a su padre, que tal vez quería ser rey algún día? No lo sabemos con certeza, pero encontramos una pista más adelante en el capítulo:

> "Entonces Samuel reunió a todas las tribus de Israel delante del Señor, y por sorteo se eligió a la tribu de Benjamín. Después llevó a cada familia de la tribu de Benjamín delante del Señor, y se eligió a la familia de los Matri. Finalmente de entre ellos fue escogido Saúl, hijo de Cis. Pero cuando lo buscaron, ¡había desaparecido! Entonces le preguntaron al Señor: —¿Dónde está? Y el Señor contestó: —Está escondido entre el equipaje". (1 Samuel 10:20-22).

Después de todo lo que había sucedido para confirmar el papel de Saúl, nos enteramos de que se estaba escondiendo entre el equipaje. Se estaba ocultando en el desorden cotidiano de la vida porque tenía miedo de convertirse en rey o simplemente no quería el puesto. Ver lo que había visto no era suficiente para motivar a Saúl; estar entre los profetas y profetizar no era suficiente; escuchar al gran hombre de Dios no era suficiente. Todavía se escondió a pesar de todas las confirmaciones y eventos súper espirituales. (Además, ten en cuenta que el Señor sabía exactamente dónde estaba Saúl y estaba muy feliz de revelar su ubicación a los demás. Puedes pensar que te estás escondiendo del Señor, pero no lo estás).

¿Y tú? ¿Te estás escondiendo? ¿Estás dificultando que Dios y los demás te encuentren e involucren en el trabajo que eres capaz de hacer? ¿Todavía estás sentado al margen después de pensar con frecuencia en lo que te gustaría hacer por el Señor? ¿Has pensado en hacer lo que tienes al alcance de tu mano, solo para encogerte de miedo o indecisión? Pregúntale al Señor si eres culpable de seguir los pasos de Saúl jugando al escondite con el Señor. Si Él te indica que lo eres, entonces deja de esperar una invitación grabada y en su lugar entra al juego, sin preocuparte por ofender al Señor haciendo demasiado.

NO ME PONGA, ENTRENADOR

En el capítulo anterior, observamos al rey Saúl y su renuencia a dar un paso adelante y salir para cumplir el propósito de Dios para su vida. Ahora veamos a Moisés, pero tal vez te sorprenda saber que él también era reacio a entrar al juego, tanto que la ira del Señor ardía contra él. Veamos cómo se desarrolló todo eso en la historia y la vida de Moisés.

Excusas

Cuando Dios le habló desde el monte, el primer comentario de Moisés fue: "¡Aquí estoy!" Parecía listo para hacer lo que Dios quería antes de saber lo que era, una actitud que haríamos bien en imitar. Pero espera. Moisés ofreció su primera excusa cuando preguntó: "¿Quién soy yo?" Relaciono esa pregunta con nuestra tendencia a descartar nuestra capacidad de lograr nuestro propósito cuando descubrimos qué es.

Luego, la segunda excusa de Moisés fue: "Supongamos que voy a los israelitas y les digo: 'El Dios de tus padres me ha enviado a ti', y me preguntan: '¿Cuál es su nombre?' Entonces, ¿qué les diré?" (Éxodo 3:13). A Moisés se le ocurría la excusa de que no estaba listo y no sabía lo suficiente acerca de Dios, por lo que no podía ir. Su tercera excusa fue: "¿Qué pasa si no me creen o no me escuchan y dicen: 'El Señor no se te apareció'?" (Éxodo 4:1). Esta pregunta indicaba que a Moisés le preocupaba que fracasara, lo cual es un obstáculo común para ser decidido y creativo para todos nosotros.

La cuarta excusa de Moisés está implícita en el siguiente comentario del Señor: "Entonces el Señor le dijo: '¿Qué es eso en tu mano?' 'Un bastón', respondió [Moisés]" (Éxodo 4:2). Dios le estaba enseñando a Moisés a usar lo que tenía y a no preocuparse por lo que no tenía, que es otra excusa común (no tengo suficiente educación, ni dinero, ni conocimiento, ni recursos). La quinta excusa de Moisés fue: "Moisés le dijo al Señor: 'Oh Señor, nunca he sido elocuente, ni en el pasado ni desde que has hablado con tu siervo. Soy lento de palabra y lengua'" (Éxodo 4:10). Con esta excusa, Moisés había pasado del cuestionamiento honesto a la procrastinación. Estaba trabajando duro para encontrar alguna excusa, cualquier excusa, para no tener que ir a Egipto.

Cuando vemos el comentario final de Moisés en la zarza ardiente, vemos que Moisés, habiendo expresado cinco excusas, simplemente se negó a ir a Egipto. "Pero Moisés dijo: 'Oh Señor, por favor envía a alguien más para que lo haga'" (Éxodo 4:13). En esencia, ¡Moisés dijo no a Dios! Moisés se negó a ir y básicamente dijo: "No me ponga, Entrenador".

¿Cuál fue la respuesta de Dios? «Entonces la ira del Señor ardió contra Moisés» (Éxodo 4:14). Hasta este punto de la historia, Dios fue paciente y misericordioso con Moisés, respondiendo a todas sus objeciones. Sin embargo, después de la negativa de Moisés a ir, Dios estaba enojado. Espero que nunca hagas que Dios se enoje tanto, pero esta historia demuestra que puede suceder. Dios es paciente, pero hay limitaciones a Su paciencia, y nunca estamos muy seguros de cuándo lo empujaremos a ese extremo.

Propósito Perdido

La gente me pregunta todo el tiempo: "¿Puedes rechazar tu propósito?" y mi respuesta es siempre un rotundo sí. Considere estos dos pasajes

1. Pero los fariseos y expertos en la ley rechazaron el propósito de Dios para sí mismos (Lucas 7:30).

2. Como compañeros de trabajo de Dios, les instamos a que no reciban la gracia de Dios en vano (2 Corintios 6:1-2).

Puedes recibir la gracia del propósito de Dios en vano, eligiendo ignorarlo o no hacer nada con él. Puedes sentarte en tus dones y permanecer en la zona de confort de la vida en lugar de experimentar la incomodidad de las nuevas experiencias de fe. También puedes tener tanto miedo de hacer lo incorrecto que eliges no hacer nada. Dios había respondido y abordado cada una de las preguntas y preocupaciones de Moisés, por lo que la verdadera razón de la renuencia de Moisés podría ser revelada: Moisés simplemente no quería hacerlo.

¿Y tú? ¿Estás poniendo a prueba la paciencia de Dios a través de retrasos y excusas? La buena noticia es que después de que Moisés dio su respuesta final, Dios le asignó a Aarón que fuera con él y los envió a ambos en su camino a Egipto, donde cambiaron el curso de la historia. Si confiesas que no quieres cumplir tu propósito, admitiendo que estás asustado, perezoso o careces de confianza, entonces el Señor aún te ayudará.

Tú no estás solo en tus preguntas frente a tu propósito; Dios está contigo, incluso en tus dudas. Todo lo que tienes que hacer es reconocer dónde estás y pedir la ayuda de Dios. Él hará el resto.

Deja que este sea el momento en tu vida en el que te enfrentes a la realidad y aun así sigas adelante para hacer grandes cosas por Dios, tal como lo hizo Moisés.

PONTE A DISPOSICIÓN

En los dos capítulos anteriores, analizamos los malos ejemplos de lo que yo llamo "Póngame, Entrenador". Las personas con esa mentalidad no solo están listas para ser utilizadas por Dios, sino que también están buscando agresivamente formas de ser utilizadas, poniéndose a disposición. Nuestros malos ejemplos de los últimos dos capítulos fueron el rey Saúl y Moisés, pero nuestros dos buenos ejemplos son Nehemías y el apóstol Pablo (a quien ya hemos visto, pero tenemos más información que obtener de su vida). En este momento, veamos a Nehemías.

Pasión

Cuando Nehemías escuchó las respuestas de algunos visitantes a sus preguntas sobre las condiciones en Jerusalén, se conmovió profundamente: "Cuando escuché estas cosas, me senté y lloré. Durante algunos días lloré, ayuné y oré delante del Dios del cielo" (Nehemías 1:4-5).

Cuando hablo o escribo, a veces sustituyo la palabra pasión por "propósito". La pasión es una fuerza motriz que activa tu creatividad y voluntad de hacer algo. Las lágrimas de alegría y tristeza a menudo acompañan esa pasión a medida que respondes y te haces vulnerable y disponible a una necesidad en el mundo. La primera vez que hablé sobre el propósito, la gente en la sala lloró. He visto llorar a miles más a lo largo de los años. Las lágrimas y el propósito parecen ir de la mano. En 1998, estaba viendo un documental de televisión sobre el sufrimiento de las mujeres en Afganistán y comencé a llorar. Recuerdo haber orado: "Señor, ¿por qué estoy llorando? No conozco a nadie allí, pero si necesitas a alguien que vaya a Afganistán, estoy dispuesto". De la nada, en 2003, recibí una invitación para ir a Afganistán de personas que ni siquiera conocía. Fui y cambió mi vida y el curso de mi ministerio.

Claridad

Nehemías oró y ayunó para aclarar su pasión y su camino a seguir. Luego llegó su gran oportunidad. Un día estaba sirviendo al rey y el rey notó que Nehemías estaba triste. Leamos el resto en las propias palabras de Nehemías.

"El rey preguntó: —Bueno, ¿cómo te puedo ayudar? Después de orar al Dios del cielo, [5] contesté: —Si al rey le agrada, y si está contento conmigo, su servidor, envíeme a Judá para reconstruir la ciudad donde están enterrados mis antepasados. El rey, con la reina sentada a su lado, preguntó: —¿Cuánto tiempo estarás fuera? ¿Cuándo piensas regresar? Después de decirle cuánto tiempo estaría ausente, el rey accedió a mi petición. Además le dije al rey: —Si al rey le agrada, permítame llevar cartas dirigidas a los gobernadores de la provincia al occidente del río Éufrates, indicándoles que me permitan viajar sin peligro por sus territorios de camino a Judá. Además, le ruego que me dé una carta dirigida a Asaf, el encargado del bosque del rey, con instrucciones de suministrarme madera. La necesitaré para hacer vigas para las puertas de la fortaleza del templo, para las murallas de la ciudad y para mi propia casa. Entonces el rey me concedió estas peticiones porque la bondadosa mano de Dios estaba sobre mí. Cuando llegué ante los gobernadores de la provincia al occidente del río Éufrates, les entregué las cartas del rey. Debo agregar que el rey mandó oficiales del ejército y jinetes para protegerme". (Nehemías 2:4-9).

Cuando el rey le preguntó a Nehemías qué quería, Nehemías tuvo una respuesta lista. El rey entendía lo que quería y entonces podía decir sí o no. No parecía haber vacilación ni ambivalencia por parte de Nehemías porque había orado y pensado en lo que quería hacer.

Además, observa la poca jerga religiosa que había en su diálogo con el rey. Sí, Nehemías admitió que oraba y que la mano misericordiosa de Dios estaba sobre él, pero era notablemente natural: "Envíame... para que pueda reconstruir". "Establecí una hora". "¿Puedo tener cartas?" Dios no se sintió ofendido ni desanimado por el deseo de Nehemías de ayudar a la ciudad de sus padres. En ningún momento vemos que Dios le dijo a Nehemías que se fuera. Se puso a disposición para ir, y pidió la ayuda de Dios y del rey.

¿Qué te apasiona hacer? ¿Qué problema te apasiona abordar? ¿Tienes claro lo que quieres hacer para involucrarte en esa pasión? Te insto a que obtengas el tipo de claridad que tenía Nehemías, y luego ores: «Póngame, Entrenador". Después de eso, debes estar atento a que la puerta se abra y mírala como la ayuda de Dios para que puedas participar en aquello que tienes en tu corazón. Nehemías no tuvo nada más que éxito cuando se fue a casa, y tú puedes esperar eso también, pero solo si sigues tu corazón para entrar en el juego donde es más significativo para ti.

PENSAR COMO DIOS

Para nuestro último capítulo, regresemos y veamos la vida del apóstol Pablo que es un buen ejemplo de la mentalidad de "Póngame, Entrenador".

La Mente de Cristo

Pablo escribió esto a la iglesia de Corintios:

Y nosotros hemos recibido el Espíritu de Dios (no el espíritu del mundo), de manera que podemos conocer las cosas maravillosas que Dios nos ha regalado. Les decimos estas cosas sin emplear palabras que provienen de la sabiduría humana. En cambio, hablamos con palabras que el Espíritu nos da, usando las palabras del Espíritu para explicar las verdades espirituales; pero los que no son espirituales no pueden recibir esas verdades de parte del Espíritu de Dios. Todo les suena ridículo y no pueden entenderlo, porque solo los que son espirituales pueden entender lo que el Espíritu quiere decir. Los que son espirituales pueden evaluar todas las cosas, pero ellos mismos no pueden ser evaluados por otros. Pues, «¿Quién puede conocer los pensamientos del Señor? ¿Quién sabe lo suficiente para enseñarle a él?». *Pero nosotros entendemos estas cosas porque tenemos la mente de Cristo.* (1 Corintios 2:12-16, énfasis agregado).

Pablo hizo la notable declaración de que él y sus compañeros de trabajo tenían la mente de Cristo. ¿Significa eso que nosotros también lo tenemos? Si lo tenemos, ¿por qué estamos tan sorprendidos, de que el Espíritu resida en nosotros para guiarnos a toda la verdad (véase Juan 16:13)? ¿Cuánto tiempo se tarda en obtener esta mente de Cristo? ¿Diez años? ¿Veinte años? ¿Más tiempo? Parece que Pablo lo tuvo casi de inmediato:

"Después comió algo y recuperó las fuerzas. Saulo se quedó unos días con los creyentes en Damasco. Y enseguida comenzó a predicar acerca de Jesús en las sinagogas, diciendo: «¡Él es verdaderamente el Hijo de Dios!». Todos los que lo oían quedaban asombrados. «¿No es este el mismo hombre que causó tantos estragos entre los seguidores de Jesús en Jerusalén? —se preguntaban—. ¿Y no llegó aquí para arrestarlos y llevarlos encadenados ante los sacerdotes principales?». La predicación de Saulo se hacía cada vez más poderosa, y los judíos de Damasco no podían refutar las pruebas de que Jesús de verdad era el Mesías". (Hechos 9:19-22, énfasis agregado).

La mente de Cristo no se logra después de largos períodos de estudio y discipulado. Pablo casi inmediatamente se puso a trabajar para predicar, probando en el Antiguo Testamento que Jesús era y es el Cristo. ¿Existe la posibilidad de que tengas la mente de Cristo, pero tengas miedo de decirlo porque te han enseñado a tener cuidado y asumir que lo que hay en ti no vale nada? Si es así, entonces veamos algunos conceptos para ayudarte a aceptar que lo que estás pensando es del Señor, y es suficiente para pedirle a Dios que te ponga en el juego.

Agradable a Su Voluntad

La Versión Amplificada traduce Proverbios 16:3 en estas palabras: "Haz rodar tus obras sobre el Señor [encomendadlas y confiadlas totalmente a Él; Él hará que tus pensamientos se vuelvan agradables a Su voluntad, y] así serán tus planes establecidos y tendrán éxito" (AMPC). Este proceso de tener los pensamientos de Dios puede parecer tan natural que sospechas que no puede ser espiritual. Por lo tanto, esperas un encuentro más dramático con la voz de Dios para estar seguro de su autenticidad. Eso no es lo que ocurrió en la vida de Lucas cuando se dispuso a escribir su evangelio:

> "Muchas personas han intentado escribir un relato de los hechos que se han cumplido entre nosotros. Se valieron de los informes que circulan entre nosotros dados por testigos oculares, los primeros discípulos. Después de investigar todo con esmero desde el principio, yo también decidí escribir un relato fiel para ti, muy honorable Teófilo, para que puedas estar seguro de la veracidad de todo lo que te han enseñado". (Lucas 1:1-4).

Lucas no dijo que el Señor le ordenó que escribiera o informara que tenía una visita celestial que le mandaba escribir. Lucas dijo: "Decidí escribir". Lucas tenía la mente de Cristo. Se puso en el juego de la escritura, por así decirlo, y el Espíritu inspiró sus palabras, sin embargo, interpretó la experiencia como su decisión de escribir.

¿Tienes alguna idea, algo que ha estado en tu mente y corazón por un tiempo, o algo que es más reciente? ¿Has retrasado las ideas más antiguas, con la esperanza de que desaparezcan? ¿Has descartado las ideas más nuevas porque pueden ser un truco de tu propia mente, o peor aún, del diablo mismo? De cualquier manera, es posible que esté perdiendo el punto de que tiene la mente de Cristo y que sus ideas, antiguas o nuevas, pueden estar de acuerdo con Su voluntad.

Al cerrar este libro, espero que estés más ansioso por ser productivo poniéndote a disposición para que Dios te use. Confío en que hayas visto que el miedo es nuestro enemigo común, lo que nos hace retroceder en lugar de avanzar con confianza. Seguiré pidiéndole al Entrenador que me ponga en el juego, y confío en que a medida que entre, miraré hacia arriba y lo veré unirse a mí para que podamos jugar en el mismo equipo y disfrutar de nuestras victorias juntos. Hasta entonces, te pido que al menos consideres pensar como Dios para que puedas encontrar una razón para actuar sobre tus pensamientos en lugar de sentarte al margen mientras los criticas y evalúas.

REFLEXIONES FINALES

Espero haber sido convincente en que tu caminar con el Señor no es el equivalente de un robot o dron que recibe una señal de una fuente externa, sino más bien una sociedad. Dios está buscando amigos y no siervos, aunque todos somos Sus siervos en un sentido general, preparados para seguir Su guía y hacer Su voluntad cada vez que Él habla o dirige. He dejado en claro que Dios ciertamente hace esto, dirigiendo nuestros pensamientos y acciones para lograr Sus obras y cumplir Su propósito. Sin embargo, hay otros momentos en que Dios nos pone en situaciones y depende de nosotros aprovecharlas al máximo.

Estaba caminando la otra mañana y escuchando un libro de John M. Satterfield titulado Terapia Cognitiva Conductual: técnicas para volver a entrenar su cerebro. En el audiolibro, Satterfied incluyó esta cita de John Gardner, supongo que el hombre escribió un libro clásico sobre liderazgo:

> El significado no es algo con lo que te encuentres, como la respuesta a un acertijo o el premio en una búsqueda del tesoro. El significado es algo que construyes

en tu vida. Lo construyes a partir de tu propio pasado, de tus afectos y lealtades, de tu propio talento y comprensión, de las cosas en las que te encuentras, de las cosas y las personas que amas, y de los valores por los que estás dispuesto a sacrificar algo.

Pensé que esa cita hablaba de lo que he estado escribiendo en este libro. Debemos tomar el propósito que Dios nos asigna y convertirlo en algo, usando nuestra creatividad, experiencia y dones en el proceso. Escuchamos la voz de Dios, pero a veces Su voz está en lo que vemos, que asumimos que todos pueden ver, pero generalmente no pueden. Si veo el caos, voy a ver eso de manera diferente a la mayoría, porque mi propósito es crear orden a partir del caos. Alguien más puede ver la situación y pensar, eso es un desastre, mientras que yo pienso, ¿Cómo puedo crear orden? Luego dirijo mis pensamientos y energía para hacerlo, confiando en que Dios está conmigo y me ayudará.

Todo se reduce a eliminar cualquier temor que podamos tener cuando servimos al Señor. No tengo miedo de que Dios me engañe y me guíe a donde no debo ir. No tengo miedo de que Él esté tratando de atraparme tentándome o burlándose de mí con un escenario tentador, solo para castigarme cuando doy un paso adelante para hacer algo con él. No tengo miedo de poder adelantarme a Él (pero sí creo que puedo quedarme atrás de Él, respondiendo lentamente a las oportunidades que Él pone ante mí). No tengo miedo de estar sobrepasando mis límites, porque Él me corregirá si lo hago (pero en lo que respecta al propósito, mis límites son amplios, y también lo son los tuyos). No estoy insinuando que he vencido el miedo, pero reconozco su papel en mi vida, y lo enfrento para que no limite lo que Dios y yo podemos hacer en un momento dado.

Te reto a crear significado en tu vida, como John Gardner aconsejó en su cita. Toma quién eres, lo que has hecho, dónde has estado y lo que Dios te ha enseñado, mezcla todo y hornea un pastel de propósito. Luego escribe en el pastel, "Póngame, Entrenador" y comparte un pedazo de pastel con tus amigos. Más importante aún, corta un pedazo grande para ti. Celebra el hecho de que Dios no ha dejado tu casa desolada, sino que ha puesto ante ti muchas oportunidades emocionantes para servirle a Él y a los demás en el poder de tu propósito y creatividad. Busco jugar contigo en el campo de propósito para que juntos podamos glorificar a Dios ganando el juego y "completando la obra que Él nos dio para hacer", tal como lo hizo Jesús (ver Juan 17:4).

Mantente en Contacto con John W. Stanko

www.purposequest.com
www.johnstanko.us
www.stankobiblestudy.com
www.stankomondaymemo.com
o vía email at johnstanko@gmail.com

John también realiza un extenso trabajo de ayuda y desarrollo comunitario en Kenia. Puedes ver algunos de sus proyectos en www.purposequest. com/contributions

Purpose Quest International PO Box 8882 Pittsburgh, PA 15221-0882

Títulos Adicionales de John W. Stanko

Ediciones en Español

Cambiando la Manera de Hacer Iglesia

La Vida Es Una Mina De Oro: Te Atreves A Cavarla?

No Leas Estes Libro: (A Menos Que Quieras
Convertirte E Un Mejor Líder)

Fuero lo Viejo, Adentro lo Nuevo

Gemas de Propósito

Ven a Adorarlo: Preparándonos para Emmanuel

Ediciones en Inglés

A Daily Dose of Proverbs
A Daily Taste of Proverbs
Changing the Way We Do Church
I Wrote This Book on Purpose
Life Is A Gold Mine: Can You Dig It?
Strictly Business
The Faith Files, Volume 1
The Faith Files, Volume 2
The Faith Files, Volume 3
The Leadership Walk
The Price of Leadership
Unlocking the Power of Your Creativity
Unlocking the Power of Your Productivity
Unlocking the Power of Your Purpose
Unlocking the Power of You
What Would Jesus Ask You Today?
Your Life Matters

Live the Word Commentary: Matthew
Live the Word Commentary: Mark
Live the Word Commentary: Luke
Live the Word Commentary: John
Live the Word Commentary: Acts
Live the Word Commentary: Romans
Live the Word Commentary: 1 & 2 Corinthians
Live the Word Commentary: Galatians, Ephesians,
Philippians, Colossians, Philemon
Live the Word Commentary: 1 & 2 Thessalonians,
1 & 2 Timothy, and Titus
Live the Word Commentary: Hebrews
Live the Word Commentary: Revelation

www.ingramcontent.com/pod-product-compliance
Lightning Source LLC
Chambersburg PA
CBHW062006040426
42447CB00010B/1944